d

MICHELE SERRA

OSSO

Geschichte einer Freundschaft

Aus dem Italienischen von Peter Klöss
Mit Zeichnungen von Alessandro Sanna

DIOGENES

Titel der 2021 bei Giangiacomo Feltrinelli Editore, Mailand,
erschienenen Originalausgabe ›Osso. Anche i cani sognano‹
Copyright © Dalcò Edizioni
Via Mazzini n. 6 – 43121 Parma
www.dalcoedizioni.it
All rights reserved
Covermotiv: Illustration von Alessandro Sanna
Copyright © Alessandro Sanna

Der Diogenes Verlag wird vom Bundesamt für Kultur
für die Jahre 2021–2024 unterstützt

Für Nina

Inhalt

Diese Geschichte beginnt vor dreißigtausend Jahren, als eine junge Frau und ein junger Mann einander im Schnee gegenüberstanden und eine Entscheidung trafen, die die Beziehung zwischen den Menschen und den Tieren für immer verändern sollte. Besser gesagt, die Beziehung zwischen den Menschen und der Natur, von der alles Leben kommt. Die junge Frau hieß Luchsfell, der junge Mann Büffelfell. Wie sie wirklich genannt wurden, ist nicht überliefert, ihre Spuren im Schnee sind längst getaut. Aber ich bin sicher, dass sie wirklich gelebt haben. Ihre Namen habe ich geträumt. Oder geschrieben. Träumen oder Schreiben, das macht keinen großen Unterschied.

Jede Geschichte beginnt lange, bevor wir sie erzählen. Vor der ersten Seite eines Buches standen da schon Millionen andere. Und die letzte Seite eines Buches geht Millionen anderen voraus, die noch geschrieben werden müssen. Unsere Taten, unsere Gedanken, unsere Worte sind nur ein kurzer Abschnitt auf einem unendlichen Weg, der der Zeit, die war, entspringt und sich in der Zeit, die sein wird, verliert.

Wir sehen seinen Anfang nicht, können uns sein Ende nicht vorstellen.

Es erschreckt uns, wie unermesslich die Zeit ist und wie kurz dagegen dieser winzige Abschnitt. Doch so kurz er sein mag, so enthält unser Weg doch alle Zeit, Vergangenheit und Zukunft. Jede unserer Taten, jeder Gedanke, jedes Wort ist Frucht der Taten, Gedanken und Worte derer, die vor uns waren – und bereitet die Zukunft der Welt.

Du hast doch bestimmt schon mal einen Hund gestreichelt. Bevor du da warst, hat schon unzählige Male die Hand eines Menschen einen Hund berührt. Die normalste Sache der Welt, denken wir. Aber das stimmt nicht. Wenn du dieses Buch liest, wirst du verstehen, warum.

Der alte Mann und der Wald

Es war Mai, mitten im Frühling. An einem sonnigen, luftigen Nachmittag saß ein alter Mann in einem Liegestuhl auf dem Rasen hinter seinem Haus am Stadtrand und ruhte sich aus. Dem Haus und dem Meer von Dächern, Straßen und Autos hatte er den Rücken zugewandt. Vor ihm begann die Natur. Er lebte an der Grenze zwischen der Zivilisation mit ihren geordneten, hell erleuchteten Formen und dem Wald, der ungeordnet war und dunkel.

Der alte Mann saß genau auf der Grenze zwischen zwei großen, mächtigen Reichen: dem der Menschen – und für Menschen gemachten – und dem der Wildnis, wo alle anderen Lebewesen zu finden sind. Doch so zahlreich sie auch sind, nur wenige zeigen sich und lassen sich vom Menschen zähmen, die meisten bleiben lieber im Verborgenen. Deshalb ist der Wald so geheimnisvoll: weil er lebt, aber für sich.

Der alte Mann hatte die Augen geschlossen. Doch wenn er sie einen Spalt weit öffnete, konnte er sehen,

wie die Bäume des Waldes unter den Windstößen hin und her wogten. Das Gebrüll des Verkehrs, das normalerweise bis zum Haus heraufdrang wie eine nie abreißende Brandungswelle, wurde an jenem Tag vom Rauschen des Windes übertönt. Der Lärm der menschlichen Zivilisation war wie weggefegt. Nur aus Bäumen und Wind schien die Welt an diesem Nachmittag zu bestehen. Und genau so fühlte sich der alte Mann: allein auf der Welt, zusammen mit Bäumen und Wind. Es gefiel ihm, sich vom Alleinsein wiegen zu lassen.

Er erholte sich gerade von einer langen Krankheit. Derselben Krankheit, die auch viele andere ans Bett gefesselt, wie Strohhalme geknickt und in so großer Zahl getötet hatte, dass im Fernsehen und im Netz über nichts anderes berichtet wurde. Bevor die Krankheit kam, machte man sich über das Sterben eher wenig Gedanken. Jeder war so beschäftigt, dass keine Zeit blieb, auch nur einen Moment lang über den Tod nachzudenken. Umso verblüffter war der alte Mann, als er selbst erkrankte. Er konnte es gar nicht fassen, so sehr war er daran gewöhnt, gesund zu sein. Auch ein bisschen Angst bekam er, aber hauptsächlich war er erstaunt und verwirrt: als hätte er sich wegen der Krankheit verlaufen und könnte nun den Weg nicht mehr finden.

Eigentlich war er noch gar nicht so alt, der alte Mann, aber er hatte schon viele Jahre gelebt, viel mehr, als ihm noch blieben. Viele schöne und traurige Erlebnisse trug er mit sich herum. Nun stand er an einem Punkt im Leben, den nur die Alten kennen: wenn man sich bewusst wird, alles erledigt zu haben, was zu erledigen war, alles gesehen zu haben, was zu sehen war, alles gefühlt zu haben, was zu fühlen war. Von der Zukunft erwartete er sich nichts mehr.

Obwohl, eins schon noch, und er wünschte sich nichts sehnlicher: dass seine Enkelin Lucilla ihn recht oft besuchen kam.

Er liebte sie mehr, als er je einen anderen Menschen auf der Welt geliebt hatte. Mehr noch vielleicht als seine Frau, die schon seit Jahren nicht mehr da war. Und mehr als seine beiden Kinder, die weit weg wohnten und die er nicht oft sah.

Und an Lucilla dachte der alte Mann jetzt, mit geschlossenen Augen und der Andeutung eines Lächelns.

Er dachte an ihr schwarzes, lockiges Haar, an ihre durchdringende Stimme, an ihre Energie, an ihre Fähigkeit, mitten im Spiel, im Toben, im Laufen

plötzlich tiefernst zu werden. Wenn Lucilla mit ihren Augen, die dunkel waren wie die Nacht und doch funkelten wie Sterne, reglos etwas oder jemanden betrachtete oder auch nur gedankenverloren auf einen Punkt im Nichts starrte, wunderte er sich jedes Mal darüber, dass ein siebenjähriges Mädchen diese Gabe (innehalten, schauen und nachdenken) besaß, die selbst bei Erwachsenen so selten ist. Innehalten, schauen und nachdenken: Wenn alle das könnten, wäre die Welt ein besserer Ort. Lucilla wollte ihn in ein paar Tagen besuchen kommen, und dann würde der Großvater ihr zusehen, wie sie über den Rasen rennen, plötzlich stehenbleiben und sich ins Gras setzen würde, den Blick fest auf eine Margerite gerichtet, auf ein Stück Holz, auf eine Grille oder auf irgendein anderes jener unbedeutenden Wunder, die Kinder viel häufiger bemerken als die Großen. Vielleicht weil die Kinder näher am Boden leben und sie deshalb eher entdecken. Im Kino seiner geschlossenen Lider sah der alte Mann Lucillas Locken im Wind tanzen.

Er war dabei, einzuschlafen, als er plötzlich spürte, dass er nicht allein war. Es war kein Geräusch, keine Bewegung, die dieses Gefühl in ihm auslöste. Eher so etwas wie ein stiller Alarm in ihm drin. Die mensch-

liche Sprache kennt dafür kein Wort. Es ist der gleiche mysteriöse Alarm, der Tiere hochschrecken lässt, wenn sie im Schlaf spüren, dass da jemand ist.

Als wir Menschen noch Affen waren – aber das ist inzwischen fast eine Ewigkeit her –, kannten wir dieses plötzliche Hochschrecken genau. Es ermöglichte uns, aus dem Stand zu fliehen, wenn es ein Raubtier war, das den Alarm ausgelöst hatte. Oder sofort loszujagen, wenn es sich um eine Beute handelte. Heute können wir das nicht mehr, alle möglichen anderen Dinge haben wir gelernt, aber dazu sind wir nicht mehr fähig, und wenn jemand uns anschaut, während wir schlafen, schlafen wir seelenruhig weiter. Wir brauchen keine Sinne mehr, die so wach sind und so gespannt. Wir sind keine wilden Tiere mehr: Wir sind jetzt Menschen. Wir schlafen in sicheren Häusern, in warmen und sauberen Betten.

An diesem Tag aber spürte der alte Mann, dass er beobachtet wurde. Schlagartig riss er die Augen auf, genau so, wie es sein direkter Affenvorfahr vor einer Million Jahren getan hätte. (Wohlgemerkt: »Direkter Affenvorfahr« sagt man eigentlich nicht. Wenn es möglich wäre, in der Zeit zu reisen und all die Generationen zurückzugehen, von Mutter zu Mutter und von Vater zu Vater, über Hunderttausende

Jahre zurück auf dem endlosen Weg der Evolution, dann stünden wir irgendwann genau *diesem einen* Affen gegenüber, aus dessen Samen oder Schoß wir stammen.)

Der alte Mann hatte jetzt alle Trägheit abgeschüttelt und versuchte, seinen von der Sonne geblendeten Blick scharfzustellen. Vor ihm, etwa zwanzig Meter entfernt, meinte er ein Gespenst im Gras sitzen zu sehen. Eine schmale, zerbrechliche Gestalt, die er auf den ersten Blick nicht zu identifizieren vermochte. So schmächtig und so zitternd, dass man nicht erkennen konnte, um was für ein Tier es sich handelte. Denn ein Tier war es gewiss: Die Augen – zwei nussbraune, lebhafte Punkte, die auf ihn gerichtet waren – verrieten, dass in jener winzigen Gestalt jemand lebte.

Um besser schauen zu können, stand der alte Mann auf. Erschrocken machte das Gespenst einen Satz zur Seite, und da erkannte er endlich, was es war. Es war ein Hund.

Besser gesagt, das, was davon übrig war. Das Skelett eines Hundes, der so mager war, dass ihm die Haut um die Rippen spannte und seine langen, dürren Beine ihn kaum trugen. Der degenartige, waagerecht gestreckte Schwanz war das einzige Körperteil dieses Hundes, das Energie ausstrahlte und gesund zu sein schien. Die riesigen, zu beiden Seiten des spitzen Gesichts herunterhängenden Ohren wirkten wie zwei gewaltige Fahnen. Sie verrieten, dass es sich um einen Segugio oder einen Bracco handelte, um einen Jagdhund jedenfalls. Unter dem ausgehöhlten Bauch baumelte ein kleiner Penis. Also ein Rüde.

Der Hund hat sich bestimmt während einer Treibjagd verirrt, dachte der alte Mann. Auf Wildschweine oder auf Hasen.

Oder jemand hat ihn ausgesetzt, aus dem Auto geworfen, weil er ihn für unfähig hielt oder für zu schwach. Für nutzlos. Wer weiß, seit wie vielen Tagen oder Wochen er schon so umherstreift, dieser nutzlose Hund, ohne Futter und ohne Unterschlupf.

Der alte Mann versuchte, näher heranzugehen und zu erkennen, ob der Hund ein Halsband oder sonst ein Erkennungszeichen trug, doch bei jedem Schritt, den er machte, machte der Hund vier von ihm fort. Er hielt einen festen Abstand ein, mindestens zwanzig Meter. Dieser Hund hatte offensichtlich Angst vor Menschen.

Aber er hatte auch Hunger. Einen schrecklichen, großen Hunger, als ginge es bald mit ihm zu Ende,

das sah man dem ausgemergelten Körper an, den nur der Fluchtinstinkt auf den Beinen hielt, wenn der alte Mann sich näherte.

Damit dieses erbärmliche Zittern aufhörte, blieb der alte Mann stehen. Und da hielt auch der Hund inne, denn so groß seine Angst vor dem alten Mann auch sein mochte, er wusste: Wo Menschen sind, da gibt es Essen. Zwanzig Meter Sicherheitsabstand, das war der Kompromiss zwischen Angst und Hunger.

So standen sie da und schauten sich an. Was der Hund dachte, weiß man nicht, doch wir können es uns denken: Ich habe Hunger. Einen schrecklichen, großen Hunger. Wenn ich nicht bald etwas fresse, werde ich sterben.

Der alte Mann hingegen hatte, weil er ein Mensch war, gleich mehrere Gedanken im Kopf. Dass dieser Hund wirklich sehr mitgenommen aussah, dachte er, wobei er auch früher, als es ihm vielleicht besser ging, kein schöner Hund gewesen sein konnte. Das Magere, Kriecherische wirkte abstoßend, denn niemand sieht gern Verzweiflung, Verwahrlosung, extreme Schwäche. Wen er wohl anrufen müsse, um anzuzeigen, dass ein herrenloser Hund am Stadtrand umherstreunt, fragte er sich. An welches Tierheim, welchen Verein er sich wenden solle, damit die

ihn einfingen und sich um ihn kümmerten. Voraus-
gesetzt, er hielt so lange durch.

Der alte Mann hatte noch nie einen Hund gehabt
und wollte auch keinen, zu viel sprach dagegen, zu
viele Verpflichtungen. Außerdem hatte seine Enkelin Lucilla schon einen, einen großen, zahmen und
gutmütigen Hund namens Roba, der bei seinen
Besuchen mit dem Mädchen große Haufen auf seinem Rasen hinterließ. Turmartige, weithin sichtbare
Haufen, aber auch platte, im Gras versteckte Flatschen, die saugefährlich waren, weil man sie nicht
sah. Manchmal trat er hinein, und dann hatte er
Robas Kacke unter der Sohle kleben. Hunde sind ja
ganz sympathisch und spaßig, dachte der Alte, aber
sie bellen, machen Dreck und gehorchen nicht. Er
hatte immer versucht, sie auf Abstand zu halten.

Aber keiner dieser Gedanken war so stark wie der
Impuls, der den alten Mann in den folgenden Minuten leitete. Impuls nennen wir ihn, um ihn von einer
vernünftigen Überlegung zu unterscheiden, was etwas ganz anderes ist. Bei einer vernünftigen Überlegung zählen Erfahrung, Berechnung, Intelligenz.
Ein Impuls hingegen ist etwas, das von innen kommt
und sich über die Gedanken hinwegsetzt.

Ein Impuls ist wie ein Notfall, der keine Zeit zum Nachdenken lässt. Man tut etwas und Schluss, und erst hinterher fragt man sich, ob es richtig oder angemessen war. Dieser Impuls jetzt war: Ich muss diesem Hund unverzüglich etwas zu fressen geben. Genau so, wie man beim Anblick einer vertrocknenden Pflanze den Impuls hat, sie zu gießen. Oder wie man einen Gegenstand, der herunterfällt, unwillkürlich auffängt. Wenn jemand zu ertrinken oder in einen Abgrund zu fallen droht, dann reicht man demjenigen die Hand, um ihn zu retten. Weil dieser Schlund uns selbst Angst macht. Indem wir den anderen retten, versuchen wir uns selbst zu retten.

Dieser klapperdürre Hund hing über dem Abgrund von Hunger und Tod. Und um sich vor diesem Abgrund in Sicherheit zu bringen, lief der alte Mann rasch ins Haus, ging in die Küche und öffnete den Kühlschrank, in dem noch Nudeln mit Tomatensoße und zwei Schnitzel vom Vortag waren. Eines der Schnitzel schnitt er in kleine Stücke, er vermutete nämlich, dass der arme Hund vielleicht keine Zähne mehr hatte. Die Schnitzelstücke und die Nudeln gab er in eine Aluminiumschüssel, brockte altes Brot darüber, begoss den Mischmasch mit ein wenig Milch

und ging nach draußen, auf der Suche nach dem Hund. Wenn er frisst, kommt er vielleicht durch, dachte der alte Mann.

Aber der Hund war nicht mehr da. Er war verschwunden, vielleicht hatte er sich zurück ins Dickicht des Waldes geflüchtet. Die Schüssel in der Hand, machte der alte Mann ein paar Schritte auf den großen grünen Vorhang der Bäume zu, um zu schauen, ob er das Tier entdeckte, oder um sich ihm zu zeigen. Eine gute Minute lang starrte er ins Grün, suchte zwischen Ästen und Laub, aber seine Augen sahen nur ein Reich aus Schatten, in die hier und da ein Sonnenstrahl schnitt. Es war der Wald hinter seinem Haus, ein gewohnter und vertrauter Anblick für ihn, doch an diesem Spätnachmittag empfand der alte Mann ihn als gewaltig und fremd: als sähe er ihn zum ersten Mal, wie er wirklich war. Die Bäume erschienen ihm riesig. Jetzt, da der Wind sich gelegt hatte und sie nicht mehr schwankten, überragten sie ihn unbeweglich und still.

Den alten Mann schauderte leicht, er fühlte sich der Unermesslichkeit der Welt ausgeliefert. Ohne den Wald aus den Augen zu lassen, machte er ein paar Schritte zurück, stellte auf halbem Weg zwischen Bäumen und Haus die Schüssel ins Gras und

ging nach drinnen, denn die Sonne war inzwischen untergegangen und es war frisch geworden.

Ein paar Mal schaute er aus dem Fenster ins schwindende Dämmerlicht, aber von dem Hund keine Spur. Der Wald wurde dunkler und dunkler, die Nacht löste die Farben auf, alle Dinge, ob lebendig oder unbeseelt, mischten sich und verschwammen in der gleichen unbestimmten Farbe.

Der alte Mann schaute sich im Fernsehen einen Film an, aß dazu das andere Schnitzel vom Vortag und trank ein Glas Wein. Gegen elf ging er mit der Taschenlampe in den Garten hinaus, um nachzusehen, ob der Hund gefressen hatte. Die Schüssel war noch voll.

Er ist genauso verschwunden, wie er gekommen ist, dachte der alte Mann und ging schlafen.

Jeder Hund hat einen Namen

Der alte Mann wachte immer früh auf. Meist blieb er dann noch eine halbe Stunde im Bett liegen und schaute auf dem Tablet nach, was es Neues in der Welt gab, obwohl ihn das meiste mittlerweile gar nicht mehr interessierte. Die Welt erschien ihm immer gleich, ein einziges Wirrwarr aus Kriegen, Gezänk, Katastrophen. Ein Kuddelmuddel, zu vertrackt, als dass man es je würde lösen können. Und was immer gleich ist, dachte der alte Mann, wird irgendwann langweilig. Genauso empfand er die Welt: vorhersehbar und langweilig.

An diesem Morgen jedoch, gleich nachdem er die Augen geöffnet hatte, schaute er nicht auf dem Tablet nach, ob die Welt vielleicht doch noch Überraschungen für ihn bereithielt, sondern stand gleich auf, zog die Jacke über den Schlafanzug und trat hinaus auf den Rasen. Sein letzter Gedanke vor dem Einschlafen hatte dem Hund gegolten, er hatte sich vorgestellt, wie er sich tief im Wald bibbernd unter einem Busch versteckte. Und als er aufwachte, hatte er auch als Erstes an den Hund gedacht. Es gibt Gedanken, die widerstehen der Nacht wie Glut unter der Asche. Das Feuer kann schon viele Stunden erloschen sein, aber unter der kalten, grauen Asche verbirgt sich immer noch ein kleines rotes Glimmen. Genau so erging es dem alten Mann: ein kleiner Gedanke, so klein wie der Hund, verborgen im nächtlichen Schlaf.

Doch als er aufwachte, brannte er noch.

Er ging hinaus und sah nach der Schüssel. Sie war leer. Nicht ein Krümel war übrig. Sie blitzte regelrecht, so leer war sie. Das hatte der alte Mann nicht erwartet. Der Hund hat gefressen, dachte er. Er lebt also noch, und er hat ein bisschen was auf die Rippen gekriegt.

Lächelnd hob er die Schüssel auf und ging zurück ins Haus.

Während er, immer noch in der Jacke, am Küchentisch seinen Kaffee trank, dachte er über die leere Schüssel nach. Hatte der Hund die Nudeln, das Schnitzel, das in Milch getränkte Brot gefressen, oder war es ein anderes Tier des Waldes gewesen?

Der Wald war sehr groß, vom Stadtrand zog er sich die Berge hinauf, ein riesiger grüner Fleck, der von Beton, Fabriken, Autobahnen verschont geblieben war.

In dieser noch intakten Welt lebten Wildschweine, Rehe, Hirsche, Dachse, Füchse, Stachelschweine, Marder, Wiesel, Eichhörnchen, Mäuse in verschiedenen Größen, ganz zu schweigen von den zahlreichen Vogel- und Reptilienarten, den Schlangen, Eidechsen, ja selbst Schildkröten. Einige behaupteten sogar, sie hätten einen Wolf gesehen.

Bei all diesen Mäulern und Mägen war es keineswegs sicher, dass ausgerechnet jener kleine verängstigte Hund das Rennen gemacht hatte, überlegte der alte Mann.

Noch mehr Zweifel kamen ihm, als er darüber nachdachte, wie voll die Schüssel gewesen war (mindestens ein halbes Kilo Essen!) und wie klein der Magen dieses Hundes sein musste. Klein und vor Hunger bestimmt ganz verkümmert. Hatte er sich vielleicht den Magen verdorben? Oder war er geplatzt wie ein zu fest aufgepusteter Luftballon?

Auf dem Tablet suchte der alte Mann nach Informationen, und je mehr er sich durchs Thema scrollte und hier und da mit einer gewissen Hektik tippte, desto tiefer tauchte er ein in ausgewogene Ernährung für Hunde, Höchst- und Mindestmengen, richtiges und falsches Futter: auf keinen Fall Gebratenes, das schadet dem Hund! (O Gott, das Schnitzel war gebraten!) Jede Zeile, die er las, kam ihm vor wie eine Anklage gegen seine Person: Offensichtlich wusste er nicht das Geringste über Hunde, außer dass sie turmförmige oder flatschige Haufen machten, wie Roba, die große Hündin seiner Enkelin Lucilla.

Irgendwann riss er sich los von diesem suchtartigen Eintauchen in die unerschöpfliche Welt der Hundemalheurs. Er schimpfte mit sich und schaltete das Tablet aus.

Wenn er daran dachte, wie viele Millionen Lebewesen, Menschen und Tiere, Pflanzen und Wälder, auf dieser Welt litten und starben, kam es ihm unverhältnismäßig, ja ein wenig peinlich vor, sich ausgerechnet wegen dieses bisschen Hunds derart zu sorgen: ein verlorener Tropfen in einem Meer von Hunger, Angst und Schmerz. Außerdem hatte ihn immer schon das Trara geärgert, das manche Menschen um Hunde und Katzen machten, die übertriebene Fürsorge, diese lächerlichen Geschäfte voller

Mäntelchen, Schühchen, Bettchen, Spielsachen, als wären die Hunde und Katzen kleine Kinder oder Puppen zum Verkleiden und nicht das, was sie eigentlich waren: Tiere. In freier Wildbahn hat noch keiner ein Tier mit kariertem Mäntelchen gesehen, den Tieren genügt ihr Fell vollkommen, damit sie sich ausreichend angezogen fühlen. In einem dieser Geschäfte in der Innenstadt hatte der alte Mann sogar eine Wärmflasche für Hunde entdeckt und sich gefragt, wann die Menschheit so verblödet geworden war zu glauben, ein Hund könne so etwas benötigen.

Er wusch und zog sich an wie jeden Morgen und schwor sich, nicht länger an diesen Hund da zu denken: Falls er es war, der die Schüssel leergefressen hatte, gut. Falls nicht, auch gut.

Er hatte gerade das Hemd zugeknöpft, als sein Handy klingelte. Videocall. Und da sah er auch schon Lucillas ernstes Gesicht, die schwarzen Augen ins Nichts gerichtet, darauf wartend, dass auf dem Display der Großvater erschien. Vor der Schule rief das Kind oft an, um ihm Guten Morgen zu sagen.

Sobald der Großvater drangeht und sie ihn sieht, huscht ein Lächeln über ihr Gesicht, und die schwarzen Locken geraten in Bewegung.

»Hallo, Opa, wie geht's?«

»Mir geht's prima. Dir auch, wie ich sehe.«

»Ich gehe gleich in die Schule und wollte nur kurz Hallo sagen.«

»Danke. Ich bleibe zu Hause und warte darauf, dass du mich mal wieder besuchst.«

»Mama hat gesagt, sie bringt mich Samstag. Roba kommt auch mit.«

»Das habe ich mir schon gedacht … Meinst du, sie macht dann wieder so große Haufen, *dein* Hund auf *meinen* Rasen?«

Lucilla lacht: »Und wie! Ein ganzes Gebirge!«

Der Großvater zögert. Er würde ihr gern von der Erscheinung hinter seinem Haus erzählen, von dem anderen Hund oder besser gesagt: von dem Gespenst von Hund. Aber wenn der sich nicht mehr blicken lässt? Wenn er vom Wald verschluckt worden oder geplatzt oder verhungert ist? Schließlich kann er der Versuchung nicht widerstehen: »Weißt du was? Gestern Abend war ein Hund hier, hier bei mir.«

Lucilla macht große Augen.

»Ein Hund? Was für ein Hund?«

»Ein Hund. Na ja, fast ein Hund.«

»Und wie heißt er?«

»Hm … Ich glaub nicht, dass er einen Namen hat.«

»Das gibt es nicht, Opa! Jeder Hund hat einen Namen, weißt du das nicht?«

»Also, bei dem glaube ich eher nicht, dass er je einen hatte. Das muss ein Streuner sein.«

»Was ist das, ein Streuner?«

»Ein Streuner ist einer, der niemandem gehört und der kein Zuhause hat, oder er hatte eins, aber er kann es nicht mehr finden.«

Lucilla schweigt. Und plötzlich wird sie zu der nachdenklichen Lucilla, die der Großvater so bewundert, wie man ein Naturwunder, einen Stern oder den Mond bewundert, oder einen Fluss oder ein Gebirge. Ihre schwarzen Augen schauen nicht mehr genau in die Handykamera, sondern leicht daran vorbei, fixieren einen geheimnisvollen Punkt, den sie allein sieht.

Irgendwann sagt sie: »Dann musst *du* ihm einen Namen geben, Opa.«

»Ich? Und was für einen? Ich habe doch noch nie einem Hund einen Namen gegeben.«

»Aber das kann doch jeder! Es geht so: Du musst ihn dir ganz genau anschauen, und dann kommt dir der Name von ganz allein.«

»Aber ich habe ihn doch nur einmal gesehen, und dann ist er weggelaufen …«

»Ist er schön? Ist er groß? Welche Farbe hat er?«

(Die Stimme der Mutter: »Luci, wir kommen zu spät zur Schule.«)

»Also, schön würde ich nicht gerade sagen. Er ist klein. Und braun oder nussfarben. Eigentlich ist er nicht viel mehr als Haut und Knochen.«

»Was bedeutet das, Haut und Knochen?«

»Dass er so mager ist, dass man die Knochen unter der Haut sieht. *Pelle e ossa*, sagt man auf Italienisch.«

Erneut ein paar Sekunden die nachdenkliche Lucilla, dann hellt sich ihr Gesicht auf. Sie schaut dem Großvater direkt in die Augen und ruft: »Osso! Du musst ihn Osso nennen!«

»Osso …«, spricht der alte Mann seiner Enkelin nach. »Osso …«, sagt er noch einmal.

(Die Stimme der Mutter: »Jetzt kommt mal zum Ende, ihr zwei, wir sind zu spät!«)

»In Ordnung, Lucilla. Der Name erscheint mir sehr passend. Nennen wir ihn Osso. Und jetzt ab in die Schule. Wir sehen uns Samstag.«

»Ciao, Opa.«

»Ciao, Kleine.«

Nachdem der alte Mann den Videocall beendet hatte, blieb er noch ein wenig auf dem Bettrand sitzen und lauschte Lucillas Stimme, die im Zimmer nachhallte. Die vier Buchstaben des Wortes Osso und sein trockener Klang hingen noch immer in der Luft, obwohl schon mindestens zwei, drei Minuten vergangen waren, seit Lucilla »Osso!« gerufen hatte.

Es gibt Augenblicke, die, so blitzartig sie wieder vorbei sind, mehr Spuren hinterlassen als ein ganzer Monat. Perfekte, magische Augenblicke sind das, die Zusammenfassung von tausend Minuten, Wörtern, Gesten. Lucillas leuchtendes Gesicht, als sie »Osso!« rief, ist für den alten Mann wie ein kleines *bang* gewesen, ein Feuerwerk, ein Stadion im Torschrei. Er denkt darüber nach und lächelt, er hört und sieht dieses Aufblitzen wieder. »Osso«, wiederholt er. »Osso, Osso …«

Dann steht er auf, kehrt in die Küche zurück und sieht nach, ob noch etwas Kaffee da ist, den er aufwärmen kann. Er schaut aus dem Fenster, keine Spur von dem Hund, nur ein paar Amseln unter einem Strauch machen Radau. Jetzt wird's ernst, denkt der alte Mann: Jetzt ist es nicht mehr irgendein Hund, jetzt ist es *dieser eine* Hund, jetzt ist es Osso. Hunden ist es vollkommen egal, ob sie einen Namen haben oder nicht, aber wenn ein Mensch einem Lebewesen einen Namen gibt, bekommt es für ihn Bedeutung.

Jetzt sitze ich in der Tinte, dachte der alte Mann. Heute ist Mittwoch. Wenn Lucilla am Samstag kommt und dann Osso nicht da ist, wird sie denken, ich hätte mich nicht richtig um ihn gekümmert.

Er ging in den Garten hinaus und rief laut: »Osso! Osso!«

Seine Stimme verlor sich im Nichts. Er kam sich albern vor, weil er einen Namen gerufen hatte, der bis vor ein paar Minuten noch gar nicht existierte. Es genügt nicht, einem Lebewesen einen Namen zu geben, um uns vorzugaukeln, es gehöre zu uns.

Der alte Mann ging ins Haus zurück, sah, dass sein Kühlschrank fast leer war, und beschloss, einkaufen zu fahren.

Hasenblut

Er rangierte sein altes Auto aus dem Hof vor dem Haus. Je näher er dem Stadtzentrum kam, desto dichter wurde der Verkehr, desto zahlreicher wurden die Ampeln, desto strahlender die Schaufenster. Das Durcheinander der Stadt hatte der alte Mann immer gemocht. Seit er allein lebte, spürte er beim Anblick der vielen Menschen, Häuser und Lichter, dieser ständigen Bewegung, eine angenehme Energie. Es war zwar nicht seine Energie, sondern die der anderen, aber er fühlte sich trotzdem davon mitgerissen wie ein Stück Holz von der Strömung eines Flusses. Er fühlte sich als Teil all dieses Trubels, der Gespräche, Käufe, Verkäufe, dieser Lichter und dieses Lärms. Wenn er in die Stadt fuhr, fühlte er sich jedes Mal ein bisschen weniger alt und weniger allein.

Auch an diesem Morgen tauchte er fröhlich in das städtische Treiben ein, doch zum ersten Mal spürte er, während er sich weiter von zu Hause entfernte, die pulsierende Präsenz des Waldes hinter sich. Er spürte

sie wie noch nie zuvor. Er sah die Schaufenster, die anderen Autos, die Leute, die die Straße überquerten, die Menschen, die die Geschäfte betraten und verließen, doch tief in sein Bewusstsein hatte sich das Bild der Bäume vom Vortag eingebrannt, wie sie im heftigen Wind tanzten. Wie wenn man schon wach ist, aber die Träume und die von ihnen ausgelösten Empfindungen einfach nicht abschütteln kann. Wie wenn einem ein Lied, das man vor ewig langer Zeit gehört hat, von ganz allein wieder in den Sinn kommt und man beginnt, die Melodie zu pfeifen. Man hat es sich nicht ausgesucht, das Lied hat sich dazu entschieden. Träume sucht man sich ja auch nicht aus: Sie kommen von allein, wann sie wollen.

Für sich kaufte er das Gleiche wie immer. Alte Leute sind Gewohnheitstiere. Dafür blieb er diesmal vor den Regalen mit Tiernahrung stehen und betrachtete die endlosen Reihen bunter Dosen. Tüten mit Trockenfutter. Kleine Leckerlis, große Leckerlis, Leckerlis in Knochenform.

Er wählte je eine Dose von jeder Sorte: Rindfleisch, Geflügel, Ente, Lachs, Makrele, Lamm. Falls Osso sich davongemacht hätte, dachte er, würde er die Dosen für Lucillas Hund aufheben, der gierig und geräuschvoll wahre Berge von Futter vertilgte.

»Haben Sie sich einen Hund zugelegt?«, wunderte sich die Kassiererin, die ihn schon lange kannte.

»Um Gottes willen, das ist für den Hund meiner Enkelin.«

»Ach so, ich habe mich schon gewundert. Sie sehen auch nicht aus wie ein Hundetyp.«

Der alte Mann bezahlte, und während er den Einkaufswagen zu seinem Auto schob, überlegte er: Wie sieht denn bloß ein Hundetyp aus?

»Ich bin kein Hundetyp«, murmelte der alte Mann auf dem Nachhauseweg. Und lächelte. Er redete oft mit sich selbst, wie viele Menschen, die allein leben. Und wie viele, die allein leben, lächelte er auch oft für sich. Am Ende der Straße, hinter den letzten Häusern der Stadt, sah man die Berge und den ausgedehnten Wald, der sich die Hänge hinauf bis zu den Gipfeln zog und gegen den blauen Himmel verlor. Der alte Mann war froh, dass er wieder zurück Richtung Berge fuhr. Wenn ich mich irgendwann wieder kräftig genug dafür fühle, werde ich versuchen, sie zu besteigen, dachte er. Nicht weit von seinem Haus entfernt begann ein Pfad, der die Bergkette entlang Gott weiß wohin führte, aber er war ihn noch nicht zur Gänze gelaufen, immer war er irgendwann umgekehrt. Warum bloß?, fragte er sich.

Die Vorstellung, allein in diese Welt aus Bäumen, Schatten und wilden Tieren vorzudringen, beunruhigte ihn ein wenig. Seit der Krankheit war er sich seiner selbst nicht mehr so sicher. Obwohl längst wieder abgeklungen, war ihm von dem Fieber eine gewisse Schwäche in den Beinen geblieben. Vielleicht, dachte der alte Mann, warte ich lieber auf Lucilla und Roba, bevor ich mich tiefer in den Wald wage. Seltsam, dass die Anwesenheit eines siebenjährigen Mädchens mir Sicherheit gibt, eigentlich sollte ich doch sie beschützen, dachte der alte Mann und fühlte sich plötzlich wirklich alt. Er seufzte tief, schüttelte sich, verjagte die Melancholie, stieg schwungvoll aus dem Auto (Siehst du, so alt bin ich gar nicht!), trug die Tüten mit den Einkäufen in die Küche, kippte dann als Erstes eine Dose Rindfleisch in die Aluminiumschüssel und ging in den Garten.

Im grellen Licht des Spätnachmittags leuchtete der Rasen knallgrün. Das Grün war so intensiv, dass der alte Mann sich damit die Augen füllte und gar nicht genug kriegen konnte. Er stellte die Schüssel mitten ins Gras, genau an die gleiche Stelle wie am Abend zuvor, und ging ins Haus zurück. Ein paar Minuten blieb er am Fenster stehen und schaute, ob Osso vielleicht käme, angelockt von dem Futter.

Hunde haben einen außerordentlichen Geruchssinn, das wusste der alte Mann, sie nehmen selbst auf große Entfernung Gerüche wahr. Dann räumte er die Küche auf, schaltete den Fernseher ein, um die Nachrichten zu schauen, und tat all das, was er jeden Tag tat, seit ewigen Zeiten. Aber ab und zu ging er zum Fenster, um nachzuschauen, ob der Hund wieder aufgetaucht war. So verging der Nachmittag. Und der Abend kam.

Es war stockdunkel, als der alte Mann wie am Tag zuvor mit seiner Taschenlampe hinausging, um nachzusehen. Das Rindfleisch war noch in der Schüssel. Er verjagte ein paar Fliegen, die das Futter umschwirrten. Er versuchte zu pfeifen. Aber er pfiff miserabel.

Dann rief er halblaut »Osso« und kam sich lächerlich vor. Er zuckte die Schultern, ging wieder ins Haus und legte sich schlafen, weil er müde war, nachmittags hatte er kein Nickerchen gehalten.

Auch wenn er es nicht zugeben wollte: Es tat ihm leid, dass Osso verschwunden war. Während er auf den Schlaf wartete, fragte er sich, ob er ihn nicht besser im Wald suchen gehen sollte. Aber dieser Hund war so scheu, so misstrauisch, dass er sich bestimmt nicht würde finden lassen. Selbst wenn er noch am

Leben war und er es gewesen war, der das Futter vom Vortag gefressen hatte, bestand keinerlei Aussicht, ihn zu finden, außer er würde aus freien Stücken zurückkommen.

Den ganzen Tag lang hatte er an nichts anderes gedacht als an diesen Hund, ärgerte er sich. Bei all den Hunden, die verlorengehen, war einer mehr oder weniger doch völlig egal. Und dieser Gedanke – es ist doch völlig egal – ließ ihn einschlafen.

Woher die Träume kommen, weiß man nicht so genau. Unsere Urahnen dachten, sie kämen vom Himmel oder aus den Tiefen der Erde, wo die Götter wohnen, die wohlwollenden wie die bösartigen. Aus uns selbst kommen sie, sagen hingegen Ärzte und Wissenschaftler. Träume sind unsere Stimmen aus dem Innersten, das so tief innen ist, dass wir nicht die leiseste Ahnung haben, wo das sein soll, und erst recht nicht, wie wir es kontrollieren können. Niemand, nicht einmal der Intelligenteste, Mächtigste, Reichste der Menschen kann darüber bestimmen, was er träumen will. Da ist kein Katalog, aus dem wir auswählen können, es gibt kein Netflix der Träume. Über das Programm der Träume entscheiden nicht wir. Es stellt sich selbst zusammen, Traum für Traum.

Der alte Mann hatte seit einiger Zeit nicht mehr geträumt. Und falls doch, erinnerte er sich nicht daran, was. Aber in dieser Nacht träumte er. Und es war ein heftiger Traum, einer, aus dem man schlagartig erwacht. Es gibt da eine Art Knopf, der einen sofort aufwachen lässt, wenn man ihn drückt, weil man einem Traum, der Angst einjagt oder Unwohlsein bereitet, entkommen will.

Er träumte, dass er am Waldrand stand. Es war sein Wald, aber wie das in Träumen so ist, sah er anders aus als der echte. Dieser Wald fiel ab zu einem tiefen Tal, und das Haus des alten Mannes stand ganz oben. Er schaute hinunter und suchte etwas, das er verloren hatte, eine Aluminiumschüssel. Während er das dichte Blätterdach absuchte, hoffte er, inmitten all der Schatten etwas aufblitzen zu sehen, das ihm verriet, wo die Schüssel lag, doch er sah nichts als Laub. Der Wald schien undurchdringlich.

Alles ist verborgen, murmelte der alte Mann im Traum, alles ist verborgen. Wenn ich wenigstens den Anfang des Pfades fände, dann könnte ich die Schüssel suchen gehen, dachte er und lief hin und her über den Rasen, um eine Öffnung im dichten Vorhang der Bäume zu entdecken. Endlich, da ist sie. Der alte Mann eilt darauf zu. Doch kaum hat er den Pfad betreten, sieht er vor sich einen abgemagerten Hund, der etwas in der Schnauze trägt. Es ist Osso: ein bisschen größer als sonst, aber genauso dürr und bibbernd, wie er ihn am Vortag gesehen hat.

Zwischen den Zähnen hat er einen blutigen Hasen, der fast so groß ist wie er selbst. Der Hase ist tot, voller Grauen betrachtet der alte Mann seinen herunterbaumelnden Kopf. Ihm ist, als würden ihn die Augen des Hasen anstarren. Auch Osso starrt ihn an: Räuber und Beute haben genau den gleichen Blick. Zwei leuchtende, lebendige schwarze Punkte. Auch die Augen der Beute scheinen lebendig, und dieses Detail macht dem Alten Angst: Wie kann der Hase mich anschauen, wenn er tot ist? Er weicht zurück, stolpert, fällt, kommt nicht wieder hoch, am Boden liegend hört er, wie der Hund mit dem Hasen im Maul an ihm vorbeirennt, nur wenige Zentimeter entfernt. Im Gesicht spürt er einen warmen Hauch, die Präsenz der Tiers, den Geruch von Wildheit, er riecht den Eisengeruch des Blutes, und ehe er das Gesicht zur Seite drehen kann, trifft ein warmer Spritzer seine Stirn. Er begreift, dass es das Blut des Hasen ist, er möchte es abwischen, möchte aufstehen, möchte fliehen, aber er ist gelähmt, wie im Traum. Schlagartig erwacht er.

Er setzt sich im Bett auf, schaltet das Licht ein und schaut auf den Wecker: fünf Uhr morgens, Traumzeit, die Stunde, wenn Dunkel und Licht sich die Waage halten und in dieser Ungewissheit alles halb wahr, halb Trug zu sein scheint. Bald wird es dämmern. Er fährt sich mit den Händen übers Gesicht, teils um sich munter zu machen, teils weil er noch immer das Blut auf seiner Stirn spürt. Er atmet tief ein, will noch wacher werden, will ganz aus dem Traum heraus.

Was für ein Albtraum, denkt der alte Mann, der sich immer vor Blut gefürchtet hat. Dann hält er inne, versucht, die Bilder scharf zu stellen. So schlimm war der Traum eigentlich gar nicht. Klar, der Blick des Hasen, der noch im Tod lebendig wirkte, das war schon beeindruckend. Genauso, als er plötzlich auf dem Rücken lag und das Gefühl hatte, nicht mehr aufstehen zu können. Aber wie er so dagelegen und der Hund an ihm vorbeigelaufen war und dieser Geruch nach Wildheit, diese Flamme des Lebens und des Todes ihn gestreift hatte, da hatte er auch eine Art Erregung verspürt, ein tiefes Schauern.

Auch Hunde träumen

Auch Hunde träumen. Was genau, weiß man nicht, Hunde können ja nicht sprechen.

Aber man muss nur einen Hund, der schläft, beobachten. Plötzlich seufzt, zittert, zuckt oder winselt er, und dann weiß man, er träumt. Manchmal bellt er sogar. Er bewegt die Pfoten, weil er etwas verfolgt oder vor jemandem davonrennt.

Er ist aufgeregt und verängstigt, traurig und fröhlich. Er träumt halt. Genauso wie wir.

In der Nacht, vielleicht zur selben Stunde, während der alte Mann seinen Traum hatte, schlief irgendwo auch Osso, versteckt im Wald, zurückgezogen unter einem Busch, zusammengerollt unter einem Baum oder im verlassenen Bau irgendeines anderen Tiers. Und während er schlief, träumte er.

Wohin er sich verkrochen hatte, werden wir nie erfahren. Und auch nicht, was er geträumt hat. Aber dass er es getan hat, ist recht wahrscheinlich. Vielleicht träumte er von der silbernen Schüssel mit dem Futter darin, an dem er seinen Hunger gestillt hatte. Er träumte von diesem alten Mann – der zehnmal größer war, ein Riese in seinen Augen –, der die Schüssel mitten auf den Rasen gestellt hatte und dann in seinem riesigen Bau verschwunden war. Er träumte von dem Mann und seinem Haus, das nachts Licht warf und aus dem geheimnisvoller, den Tieren unbekannter Lärm kam, Türenknallen, Stimmen, Musik, Motoren. Die Geräusche der menschlichen Zivilisation.

Vielleicht war auch Osso in einem Haus oder in einem Hof geboren worden und hatte solche Geräusche schon einmal gehört. Aber wenn die Menschen, die in jenem Haus wohnten, ihn geschlagen oder misshandelt oder ausgesetzt hatten, dann bedeuteten »Haus« und »Mensch« für ihn nicht Schutz und Nahrung, sondern Schmerz und Verrat.

Mensch und Tier ähneln sich sehr, wenn sie schlafen. Endlich muss der Körper sich nicht mehr bewegen, nach all dem Gehen, Rennen, Hinsetzen, Aufstehen und Bücken. Nur der Atem und der Herzschlag verraten, dass diese reglose Gestalt lebendig ist. So lebendig, dass sie Energie sammelt für die Zeit, die kommen wird.

Im Schlaf wird man horizontal. Vielleicht muss man sich einfach an die lange Linie schmiegen, die Erde und Himmel trennt, um besser auszuruhen. (Nur Schlangen sind auch im Wachzustand horizontal, und bestimmt ist es wegen dieser Eigenschaft, dass wir ihnen oft mit Misstrauen begegnen.) Manche Tiere, auch die gewaltigsten, die so groß sind, dass man sie aus einem Kilometer Entfernung sieht, wenn sie stehen, sieht man praktisch nicht, wenn sie schlafen. Wer schläft, dessen Körper liegt auf einem Bett oder Sofa, im Gras der Savanne oder in einer Höhle, auf einer Wiese oder unter einem Baum, wo auch immer derjenige sich sicher fühlt. Der Verstand muss nicht länger die Bewegungen lenken, eine Richtung einschlagen, und im Fall von uns Menschen muss er nicht mehr überlegen, welche Worte er ausspricht, was eine sehr anstrengende Aufgabe ist. Im Schlaf hat der Verstand Urlaub, er ist frei von Verpflichtungen und beginnt herumzustromern.

Im Dunkeln schwimmend, begegnet der Verstand fast augenblicklich unvermuteten Lichtern. Es sind die Erinnerungen, tiefliegende, nahe, ferne.

Sie können erst vor ein paar Stunden entstanden

sein oder aus der Kindheit stammen und wild miteinander vermischt sein, als spielte die Zeit keine Rolle. Es können Bilder von Menschen sein, die nicht mehr da sind, hier aber mit dir reden, dich anlächeln und umarmen, als wären sie noch bei dir. Und dann tauchen im Traum oft auch Bilder auf, die man noch nie gesehen hat, ein Kino der Überraschungen, und wenn wir aufwachen, fragen wir uns, woher sie bloß gekommen sein mögen. Wir haben sie nie erlebt. Wir haben sie nur geträumt.

Unsere Vorfahren hielten diese Bilder für Prophezeiungen und glaubten, dass sie die Zukunft vorwegnähmen. Waren sie hell und heiter, kündigten sie Glück an. Waren sie furchteinflößend oder traurig, kündigten sie Unheil an. Träumen wir etwas Schönes, wachen wir glücklich auf. Ist es ein schlimmer Traum, sind wir verstört, bis die Wirklichkeit wieder das Kommando übernimmt.

So ist das bei den Menschen, und so ist das bei den Hunden. Wenn wir uns also vorstellen, dass Osso in jener Nacht genau zur gleichen Zeit von dem alten Mann geträumt hat wie der von ihm, dann liegen wir vermutlich richtig. In dieser Nacht träumten sie beide voneinander, Mensch und Hund.

Aber kehren wir zu dem alten Mann zurück. Nachdem sein Traum ihn geweckt hatte und er sich ein paar Hände voll kaltes Wasser ins Gesicht gespritzt hatte, zog er sich rasch an, streifte die übliche Jacke über, nahm die Taschenlampe und trat auf den Rasen. Die Schüssel war leer.

Auch in dieser Nacht – der zweiten – hatte der Hund gefressen. Heimlich, als niemand da war. Natürlich hätten es auch andere Tiere des Waldes gewesen sein können. Aber der alte Mann war sich beinahe sicher, dass es Osso gewesen war. Vielleicht war er ja noch in der Nähe. Vielleicht würde Lucilla ihn am Samstag sehen und seinen Namen kreischen.

Während das erste Tageslicht den Dingen der Welt langsam Konturen verlieh, rief der alte Mann nach Osso, aber nichts rührte sich.

Alles war still, geheimnisvoll. Alles entzog sich seiner Kontrolle. Der alte Mann stand allein da und spürte die große Kraft des Waldes. Von dort, aus diesem Dickicht, diesen Schatten, war Osso gekommen, und dorthin war er zurückgekehrt, um sich zu verstecken. Der alte Mann stand auf dem Rasen hinter seinem Haus und kam sich vor wie der letzte Einwohner der bekannten Welt, an der Schwelle zum Unbekannten.

Wenn er Osso wiedersehen wollte, konnte er nur die Schüssel füllen und warten. In diesem Labyrinth aus Bäumen einen kleinen, verängstigten Hund zu finden wäre ein aussichtsloses Unterfangen gewesen. Er konnte nur warten.

Ein paar Augenblicke stand er mit gesenktem Kopf da, die Augen geschlossen und die Arme verschränkt, und spürte, wie ihm die frische Morgenluft über die Schläfen strich. Er atmete tief ein, und der Atem kam und ging aus seinem Körper mit der Kraft des Windes.

Der wiedergefundene Pfad

Als er ein, zwei Minuten später den Kopf wieder hob, sah er ihn. Er saß da, etwa zehn Meter entfernt, und rührte sich nicht. Mittlerweile war es hell genug, um seine zarte Gestalt in den Einzelheiten auszumachen. Die Schnauze spitz wie ein Bleistift, die Ohren weich und herabhängend, die Beine dünn wie Grissini. Er war so mager, dass er von vorn aussah wie ein Schnitt. Er fixierte den alten Mann, und der alte Mann fixierte ihn.

»Guten Morgen, Osso«, sagte der alte Mann leise.

Der Hund sog kurz die Luft ein, nach Hundeart, indem er die feuchte, schwarze Nase gen Himmel hob und Witterung aufnahm. Er wollte sich den Geruch dieses Alten besser einprägen. Es ist die Art und Weise, wie Hunde Menschen, Orten, anderen Tieren und überhaupt allem, was da sonst noch ist, einen Namen geben: Geruch 3, Geruch 9, Geruch 14, wer weiß, welche Nummer der Geruch des alten Mannes bei Osso hatte. Dann drehte er sich um, trottete Richtung Wald davon und verschwand im Dickicht.

Diesmal ist er nicht weggerannt, dachte der alte Mann. Nur weggegangen.

Wie sehr sich der alte Mann über das Wiedersehen freute, ist schwer zu beschreiben. Er wunderte sich selbst darüber. Er freute sich wie ein Kind, ja, wie ein Hund freute er sich. Für seinen Menschenkopf, seine Erfahrung, seinen Verstand, in dem Bild, das er sich von der Welt gemacht hatte, war jener Hund nur ein winziges Detail, eine Episode ohne besondere Bedeutung. Doch als er ihn erblickt hatte, hatte das Herz des alten Mannes einen kleinen Satz gemacht, sein ganzer Körper lebte auf, bekam neuen Schwung.

Ein Dummkopf bin ich, dachte er. Ein Dummkopf, der sich mit einem von Millionen herrenlosen Hunden abgibt, die durch die Welt streunen. Doch er ging mit einer Energie ins Haus zurück, wie er sie seit langer, langer Zeit nicht mehr gespürt hatte.

Sofort füllte er die Schüssel neu und ging wieder nach draußen, um sie an ihren Platz mitten auf dem Rasen zu stellen. Er sah hinauf zum Himmel, keine Wolke zu sehen, über den Wipfeln der Bäume war alles blau, nur blau. Es war einer dieser Frühlingsmorgen, bei denen man Lust bekommt, sich zu bewegen, einen Spaziergang im Freien zu machen, die neue Luft einzuatmen. Das ist der perfekte Moment für einen Spaziergang, beschloss der alte Mann, bevor die Sonne zu hoch steht und die Hitze kommt. Er vergewisserte sich, dass er das Handy eingesteckt hatte, schloss die Haustür ab und suchte am Waldrand nach der Stelle, an der der Pfad abging, der in die Berge führte.

Er erinnerte sich nur vage an den Pfad, es war auch schon viele Jahr her. Damals war er ihm nur ein kurzes Stück gefolgt und beinahe sofort wieder umgekehrt, denn als er noch nicht alt war, hatte der alte Mann nie Zeit, er arbeitete viel und hatte es immer eilig. Aber jetzt hatte er nachts von diesem Pfad geträumt, und dass er dort Osso begegnen würde. Ob es dem alten Mann bewusst war oder nicht, seine Suche nach dem Pfad war ein Weg weiterzuträumen, obwohl er wach war.

Er ließ es langsam angehen, mit Vorsicht, denn er vertraute seinen Kräften noch nicht wieder. Aber nach ein paar Minuten spürte er, dass seine Beine sich von selbst bewegten und sein Körper Kraft schöpfte, wie ein Motor, der lange Zeit stillgestanden hatte

und nun endlich wieder zeigen durfte, was in ihm steckte. Frohgemut ging er weiter und fragte sich, warum bloß er in all den Monaten und Jahren diesen Pfad so beharrlich gemieden hatte. Warum war er ihn nie mit Lucilla und Roba gegangen?

Vielleicht, weil Lucilla noch zu klein gewesen war. Vielleicht hatte er auch Angst gehabt, Roba könne einer Tierspur hinterherjagen und sich im Wald verlaufen.

Hinter einer großen Eiche entdeckte er die Stelle, wo der Pfad abging. Ein Holzschild wies den Weg: »Zu den Vier Kreuzen, 3 1/2 Stunden. Durchfahrt für Kraftfahrzeuge verboten.« Kein Mensch weit und breit. An den Wochenenden kamen die Leute zu Fuß oder mit dem Fahrrad aus der Stadt, aber heute war Donnerstag, da arbeiteten alle, der Pfad schien einzig und allein für den alten Mann zu existieren, der ihm gedankenverloren bergauf zu folgen begann.

Er hörte nur das Geräusch seiner Schritte, seinen rhythmischen Atem und den Gesang der Vögel, die aufgeregt mit den Flügeln schlagend auf hohe Äste flohen, wenn er sich näherte. Ein Buntspecht flatterte mit langen Sprüngen vor ihm über den Pfad und schlug laut rufend Alarm. In den Lichtstreifen zwischen den Blättern schwebten zerbrechlich

Schmetterlinge, überall summte und brummte das geschäftige Insektenvolk, das zahlreichste auf der Erde. Rechts und links am Wegesrand feierten leuchtende, duftende Frühlingsblumen zu Tausenden die Rückkehr des Lebens. Am Samstag, wenn Lucilla da ist, kommen wir wieder her, dachte der alte Mann.

An jeder Wegbiegung hoffte er, Osso zu begegnen, wie in seinem Traum. Dauernd spähte er vor sich oder in das Dickicht des Waldes, aber er sah nur Laub, Stämme, Schatten und Lichtstreifen, die schräg durchs Blätterdach einfielen, weil die Sonne noch tief am Horizont stand.

So ging er dahin, die Zeit vergessend, und genoss die Geräusche, die Gerüche, die Farben. Plötzlich schreckte er auf: Vor ihm, unter einem Busch am Wegrand, hockte tatsächlich ein Hase und mümmelte Gras und Blumen. Er sah genauso aus wie der aus seinem Traum, ein großer Hase mit langen, aufgerichteten Ohren. Der alte Mann hatte ihn weder gesehen noch gehört.

Da bemerkte ihn der Hase und zuckte zusammen.

Im Nu war er zwischen den Bäumen davongesprungen.

Der alte Mann sah auf seine Uhr: Schon über eine

Stunde war er gelaufen und hatte es gar nicht bemerkt. Er beschloss umzukehren.

Beschwingt machte er sich auf den Heimweg. Der Spaziergang hatte ihn in gute Laune versetzt. Nur dass er Osso nicht begegnet war, enttäuschte ihn ein wenig.

Dafür war er dem Wald begegnet. Er hatte Gerüche, Farben und Empfindungen wiederentdeckt, die er seit vielen Jahren vergessen hatte. Er hatte gespürt, wie sein Herz im Takt mit seinen Beinen schlug, hatte den schnellen, leichten Schritt von damals wiederentdeckt, bevor er erkrankt war, als er sich noch nicht alt gefühlt hatte. Kurz: Er war glücklich, seine Stimmung war so blau wie der Himmel, Blick und Gedanken waren gereinigt vom strahlenden Licht des Frühlingsmorgens.

Noch glücklicher war der alte Mann, als er nach Hause kam und feststellte, dass ein paar Meter von der leeren Schüssel entfernt Osso im Sonnenschein dalag und schlief – ein winziger, regungsloser haselnussbrauner Fleck im grünen Gras. Zum ersten Mal zitterten die langen, schlanken Pfoten und seine großen, weichen Ohren nicht mehr vor Angst und

Hunger. Alles war friedlich um ihn, so wie er selbst, der Bauch gefüllt, das Herz zur Ruhe gekommen. So leise wie möglich ging der alte Mann zum Haus. Vom Küchenfenster aus schaute er ab und zu hinaus auf den Rasen, ob der Hund noch da war. Und er war da: Er schlief den ganzen Vormittag durch bis in den frühen Nachmittag. Derweil ging der alte Mann seinen Beschäftigungen nach: Er briet sich zwei Spiegeleier, räumte auf, setzte sich eine Weile an den Computer und erledigte ein paar Telefonate. Immer mit einem Auge auf den Rasen und auf den schlafenden Hund.

Osso schlief wie schon lange nicht mehr. Niemand wird je erfahren, aus welchen Schrecken, aus welchen Fluchten, aus welcher schutzlosen Kälte, aus welcher beistandslosen Einsamkeit dieser kleine Hund gekommen war. Aber jetzt schlief er, satt neben der kostbaren Schale, die ihn gerettet hatte. Falls er träumte, mussten es friedliche Träume sein, denn sooft der alte Mann durch das Fenster nach ihm schaute, er sah ihn nicht einmal zittern oder zusammenzucken.

In zwei Tagen, dachte der alte Mann, wenn Lucilla kommt, wird Osso noch hier sein, und dann gehen wir alle zusammen in den Wald, spazieren durch die Blumen und lauschen dem Gesang der Vögel.

Gegen Abend, als der Hund längst wieder in sein Geheimversteck unter den Bäumen im Wald verschwunden war, ging er hinaus, um seinen Napf mit Futter zu füllen. Zweimal täglich würde er das tun, hatte er beschlossen, einmal morgens und einmal abends.

Weil er allein lebte, hatte er nie einen festen Zeitplan gehabt, er aß, wann er wollte, und schlief, wann er wollte. Aber jetzt war da dieser kleine Hund, um den er sich ein wenig kümmern musste. Er fühlte sich ein bisschen weniger frei, aber auch ein bisschen weniger allein.

Osso kommt und geht

Am nächsten Tag ließ Osso sich vier oder fünf Mal blicken. Das erste Mal früh am Morgen, zum Fressen: Eine Minute nachdem der alte Mann den Napf auf dem Rasen abgestellt hatte, war der Hund schon da. Er musste das Futter gewittert haben oder seinen Geruch. Während er fraß, konnte der alte Mann ihn vom Küchenfenster aus endlich in Ruhe betrachten. Er war immer noch sehr mager, aber es schien ihm, dass drei Tage ausreichend Fressen ihn gestärkt hatten, seine Rippen standen schon ein bisschen weniger hervor.

Osso war kein wandelndes Skelett mehr. Er sah jetzt fast aus wie ein Hund. Gierig schlang er sein Futter hinunter, ohne zu kauen, und die großen Ohren tippten in die Schüssel hinein und hinaus. Spürhunde haben wahrhaft Riesenohren, wie zwei weiche Samtvorhänge, dünn und raschelnd. Wenn man sie so anschaut, hat man manchmal den Eindruck, sie wüssten nicht recht, was sie mit diesen

Ohren anfangen sollen. Sie können sie ja nicht mit einer Spange im Nacken zusammenbinden wie Mädchen ihr langes Haar … Die Vorstellung, der Hund müsse seine Ohren zum Fressen ins Futter tauchen, amüsierte ihn. Und zum Trinken ins Wasser.

Wasser, natürlich! Das hätte er ihm auch hinstellen sollen, dachte er. Im Wald hatte Osso bisher vermutlich aus einem Bach oder einer Pfütze getrunken, aber jetzt, da es auf den Sommer zuging und die Temperaturen stiegen, würden Pfützen und Bäche bald austrocknen. Es war besser, den Hund daran zu gewöhnen, dass es Wasser in der Nähe des Hauses gab.

Fressen, Wasser, jetzt brauchte er nur noch einen geschützten Schlafplatz.

Das zweite Mal lief Osso äußerst geschäftig mit der Nase auf dem Boden im Zickzack über die Wiese. Er folgte den geheimnisvollen Wegen der Hunde, die die Menschen nicht verstehen. Die Erdoberfläche ist voller Duftspuren, ein dichtes, unsichtbares Netz, das Hunde mit ihren Nasen lesen können, Menschen aber nicht. Der Erdboden ist für Hunde wie ein offenes Buch. Ab und zu halten sie an und pinkeln.

Damit fügen sie dem Buch eine Zeile in Hundeschrift hinzu: Ich war hier, steht dann da.

Besonders mitteilungsbedürftige Hunde können bis zu dreißig oder vierzig Mal am Tag pinkeln, um der Welt von ihrer Anwesenheit zu berichten. Ich war hier, hier, hier, hier, hier, hier, hier und hier. Und hier auch.

Ein drittes Mal saß er am Waldrand, am Fuß der großen Buche. Diese Buche gehörte zu den Lieblingsbäumen des alten Mannes, weil sie mit den Jahreszeiten so schön die Farbe wechselte.

Reglos saß er da und schaute nach oben. Vielleicht hatte er ein Eichhörnchen entdeckt oder eine der einsamen, versonnenen Katzen, die wer weiß woher kamen und wer weiß wohin gingen. Der alte Mann verließ das Haus und versuchte, sich – ganz langsam – dem Hund zu nähern, der aber, als er ihn bemerkte, sofort im Wald verschwand.

Die anderen zwei oder drei Male, die Osso sich auf dem Rasen blicken ließ, bemerkte der alte Mann ihn nicht, weil er etwas anderes tat. Osso hingegen wusste praktisch immer, wo der alte Mann war: ob er im Haus war oder ob er auf den Rasen kam. Ob er sich bewegte oder ob er innehielt. Das war einer der großen Unterschiede zwischen ihnen und ganz allgemein zwischen Mensch und Tier: Tiere wissen fast immer, wo Menschen sich aufhalten, sie spüren ihre Anwesenheit oder riechen sie, hören ihre Schritte auch noch aus großer Entfernung. Für Menschen hingegen ist die Anwesenheit von Tieren, ihr Auftauchen und ihr Verschwinden, oft unvorhersehbar. Rätselhaft. Eine Überraschung. Ein Geheimnis.

Es ist ein bisschen wie mit den Träumen, die kommen, wann und in welcher Gestalt sie wollen, und niemand auf der Welt kann sie kontrollieren, kaufen oder verkaufen. Darin ähneln sich Tier und Traum.

Sie kommen und gehen, tauchen auf und verschwinden, wie die Natur es will.

Ein kleiner, verlorener Hund hatte also die Macht zu entscheiden, ob er sich entdecken lassen wollte oder nicht; ob er blieb oder nicht; ob er die Nähe dieses Mannes akzeptierte oder nicht; und der Mann wusste genau, dass der Hund die Entscheidung treffen würde. Das faszinierte ihn an diesem armseligen, abgemagerten Hund: Er war frei zu gehen, und er war frei zu bleiben. Auf seine Art war er mächtig.

Am Freitagabend dachte der alte Mann beglückt, dass Lucilla am nächsten Vormittag kommen und bis Sonntag bei ihm bleiben würde. Er verbrachte den Abend am Computer und suchte nach Informationen über das Verhalten von Hunden, über die große Vielfalt der Rassen, über die Geschichte der uralten Beziehung zwischen Mensch und Hund. Bei jedem Klick erschienen zu beiden Seiten des Textes kleine Fenster, die für alle möglichen Hundeprodukte warben, Hundemäntel und Hundecapes, Hundekekse und Hundeleckerlis, Hundehütten und Hundepaläste, natürlich ausschließlich Sonderangebote mit Extrarabatten. Der alte Mann würdigte sie keines Blickes, er war den halben Morgen im Wald gewesen und hatte nicht die geringste Lust auf Online-Shopping. Er mochte Osso, weil er ein Tier war, kein Spielzeug. Ein Tier, das aus dem Dunkel des Waldes aufgetaucht war, aus dem geheimnisvollen Reich der Natur, deren Gesetze stärker sind als der Mensch.

Tanz auf dem Rasen

Der Samstagmorgen kam. Vor der Tür des Hauses, die der Stadt zugewandt war, erschien das rote Auto von Lucillas Mutter. Das Mädchen stieg aus und rannte in die offenen Arme des Großvaters, der sie hochhob und ihren angenehmen Duft nach Seife und Erdbeerbonbons roch. Und Lucilla sog all die Gerüche ihres Großvaters ein: Das Sandelholz-Aftershave, die vielen Espressi, das Mottenpulver, das sich in seinem Pullover festgesetzt hatte – all das mischte sich auf eine Weise, die das Kind unter tausend anderen Gerüchen herausgerochen hätte. Nach alt roch er, nach gut.

Viele, viele Jahre später, als der alte Mann gestorben war, öffnete die nun schon erwachsene Lucilla den Schrank im Schlafzimmer ihres Großvaters, roch den Geruch, und plötzlich war es, als wären all die Umarmungen ihres Großvaters auf einmal wieder bei ihr, dort in diesem Zimmer. Gerüche sind mächtig, wie die Träume. Im Traum hat die Zeit keine Bedeutung, im Traum sind die Toten lebendig und sprechen. Auch Gerüche sind oft mächtiger als die Zeit, denn sie tragen die Vergangenheit in sich. Sie befreien sie aus Schubladen, aus Kleidern und Häusern, aus den Orten, an denen die Menschen gelebt und ihre Spuren hinterlassen haben.

Lucillas Mutter öffnete die Heckklappe, und heraus sprang Roba, eine große Hündin mit langem weißem Fell, eine Mischung aus Pastore Maremmano und irgendeinem anderen wuscheligen Fellknäuel. Mit dem Schwanz ungestüm wedelnd, als wäre er eine Fahne im Wind, begrüßte Roba den Großvater, indem sie sich aufrichtete und ihre Vorderpfoten auf seiner Brust ablegte.

»Nicht mehr lange, und ich werde diesem Eisbär nicht mehr standhalten können«, lachte der alte Mann.

Nun begrüßte auch die Mutter ihn, schimpfte lieb mit der Hündin wegen ihres Übereifers, stellte eine kleine Tasche mit Lucillas Sachen ab und kündigte an, am nächsten Nachmittag wiederzukommen, um Kind und Hund abzuholen. Dann stieg sie wieder ins Auto und war im Nu von der Stadt verschluckt.

Städte lassen die Menschen verschwinden wie Wälder die Tiere.

Lucilla und Roba rannten schnurstracks ins Haus. Euphorisch ließ Roba ihren Schwanz gegen die Türen der Möbel knallen, was ein lustiges Geräusch machte. Im nächsten Augenblick waren sie im Garten, der alte Mann hintendran.

Das Erste, was Roba tat, nachdem sie einmal hin und her gewetzt war: Sie setzte einen riesigen Kackhaufen ab. Das Erste, was Lucilla tat, nachdem sie einmal hin und her gewetzt war: Sie wandte sich an ihren Großvater und fragte: »Und wo ist Osso?«

»Mit Sicherheit ganz in der Nähe«, sagte der Großvater. »Der taucht bestimmt bald auf.«

»Warum rufst du ihn nicht?«

»Ach, der weiß doch gar nicht, dass er Osso heißt. Und selbst wenn, würde er sich nicht in die Nähe von Menschen begeben. Er hat zu viel Angst.«

»Auch vor mir?«

»Das finden wir heraus, wenn er kommt.«

Lucilla wurde still und dachte nach. Gefällt ihr wohl nicht, die Vorstellung, ein Hund könnte Angst vor ihr haben, dachte der alte Mann.

Er wollte seiner Enkelin erklären, dass die Natur Zeiten und Beweggründe hat, die für uns Menschen nicht immer leicht zu verstehen sind. Aber sie konnten in dem Moment nicht eingehender darüber nachdenken, denn schon hörten sie Roba bellen. Ein lautes, wiederholtes Bellen: Sie schlug Alarm. Am Waldrand lag Osso zitternd auf dem Boden; Roba, die viermal so groß war wie er, stand über ihm und verkündete die Anwesenheit des Eindringlings auf die etwas schroffe Art der Hunde: indem sie laut Krach schlug.

»Aus, Roba!«, rief Lucilla, »lass Osso in Ruhe!«

»Keine Angst«, sagte der Großvater, »das regeln die Hunde unter sich. Pass auf, gleich vertragen sie sich.«

Osso lag bauchoben da, was in der Hundesprache bedeutet: »Guck mal, ich kann dir nicht wehtun, also tu du mir auch nicht weh.« Die Friedensbotschaft kam an, Roba hörte auf zu bellen und begann, den kleinen Hund von oben bis unten zu beschnüffeln. Beruhigt, aber wachsam stand Osso nach ein paar Augenblicken wieder auf und begann seinerseits, schüchtern an dem Fellgebirge zu schnuppern. Roba akzeptierte die Inspektion und bewegte langsam ihren Schwanz. Die beiden hatten einander vorgestellt und akzeptierten sich. »Wir sind Freunde, wir sind Freunde« hieß das, und im nächsten Moment ging es los: So schnell sie konnten, jagten die beiden einander kreuz und quer über den Rasen. Wie Hunde eben einen Friedensschluss feiern.

Leichtfüßig, mit gestreckten Pfoten, flog Osso über das Gras, während seine große neue Freundin, begeistert von der Herausforderung, hinterher zu kommen versuchte. Immer, wenn der große Hund den kleinen fast eingeholt hatte, schlug der einen Haken und änderte blitzartig die Richtung. Roba versuchte, Schritt zu halten, aber sie war zu schwer, die Wenden so eng, dass sie ein paar Mal das Gleichgewicht verlor und über das Gras purzelte. Lucilla und der Großvater lachten. Das Lachen des Kindes war wie ein silberner Bach, das des alten Mannes tief und ruhig. Die beiden so unterschiedlichen Geräusche verwoben sich in der Frühlingsluft.

»Osso ist wunderschön!«, quietschte Lucilla.

»Eigentlich ja nicht«, sagte der Großvater. »Nur Haut und Knochen, *pelle e ossa*.«

»Gar nicht!«, protestierte Lucilla. »Nur ein bisschen dünn ist er. Darf ich ihm zu fressen geben?«

»Heute Morgen hat er schon bekommen«, sagte der alte Mann. »Aber du kannst ihn heute Abend füttern.«

Vom Rennen erschöpft, blieben die Hunde mit hängenden Zungen mitten auf dem Rasen stehen. Als das Mädchen auf sie zulief, kam Roba ihr freudig entgegen, während Osso in Richtung Wald davonrannte. Lucilla wandte sich an ihren Großvater: »Er läuft weg, er hat Angst vor mir.« Der Großvater breitete nur die Arme aus.

Das Mädchen und die Hunde verbrachten den Vormittag auf dem Rasen (Roba bei ihr, Osso in sicherem Abstand), während der Großvater drinnen das Essen zubereitete und von Zeit zu Zeit aus dem Fenster sah, ob draußen alles in Ordnung war. Die Kleine hatte sich ein Buch mitgebracht. Im Gras sitzend, las sie Roba laut vor, die mit der Schnauze auf den Beinen der kleinen Rudelgefährtin schlief. Lucilla war ihr Chef … Die große schwarze Nase, glitzernd und feucht, seufzte vor Wonne. Der Großvater betrachtete die beiden. Roba hatte den Kiefer eines Raubtiers und war dreimal so groß wie das Menschenkind. Sie hätte es mit jedem wilden Tier aufnehmen, einen ausgewachsenen Menschen zu Boden werfen und jeden Winkel ihres Reviers von sämtlichen anderen Lebewesen säubern können. Aber in diesem kleinen Stillleben strahlte ihre starke

Präsenz nichts als Ruhe, Sicherheit und Schutz aus. Die Anwesenheit des Hundes beruhigte ihn: Er wusste, dass das Mädchen beschützt wurde.

Er dachte an die Wölfin, die Romulus und Remus gesäugt, an das Wolfsrudel, das Mogli adoptiert hatte, an die zahllosen Legenden, die sich um den jahrtausendealten Bund zwischen Mensch und Hund rankten, der vor vielen tausend Jahren mit der Domestizierung des Wolfs, des Schakals und des Fuchses begonnen hatte. Seit Osso in sein Leben getreten war, wollte der alte Mann dieses uralte Band besser verstehen und suchte begierig nach Informationen über die Geschichte der Hunde.

Osso schwänzelte um Lucilla und ihren Hund herum, kam manchmal bis auf ein paar Meter heran, betrachtete sie, entfernte sich wieder. Als Roba aufwachte, lief sie direkt zu ihrem neuen Freund und verschwand mit ihm im Wald. Sie verschwanden, kamen wieder, verschwanden, kamen wieder. Sie rannten auch nicht mehr; gerannt waren sie, um ihr Kennenlernen zu feiern. Jetzt trotteten sie, die Nase am Boden, hielten inne, um die Gerüche zu ergründen, erkundeten Zentimeter für Zentimeter die Rasenfläche, markierten ihr Revier gelegentlich mit etwas Pipi. Als Lucilla mittags hungrig wie ein Wolf ins Haus kam, schliefen die beiden Hunde unter der großen Buche.

Roba lag im Schatten, weil ihr bei dem langen Fell die Hitze zu schaffen machte. Osso hingegen, der ein Kurzhaar war und im vergangenen Winter sehr unter der Kälte gelitten haben musste, hatte sich ein paar Meter weiter in der Sonne ausgestreckt.

Während er das Geschirr vom Mittagessen abwusch, sagte der Großvater zu seiner Enkelin: »Im Wald gibt es einen Pfad, der in die Berge führt. Da gehen wir nachher hin und pflücken ein paar Blumen, die stellen wir dann in diese Vase.«

Als sie aufbrachen, folgte Roba ihnen freudig. Osso hatte sich aus dem Staub gemacht, sobald die beiden Menschen aus dem Haus gekommen waren. Der weiße Hund lief vor ihnen her, blieb stehen, kam zurück, schnüffelte an den Spuren der wilden Tiere, den Blumen, den Baumstämmen. Er studierte den Wald, seine Zeichen, seine Bewohner. Wie schön es wäre, wenn wir Roba fragen könnten, was sie mit ihrer erstaunlichen Nase im großen Buch des Waldes alles liest, dachte der alte Mann.

Zu Lucilla sagte er: »Falls hier ein Dachs vorbeigekommen ist, weiß Roba das. Wenn der Fuchs unter einem Baum etwas gefressen hat, weiß Roba das. Aber wenn die Schildkröte sich mit ihrem schweren Panzer ganz, ganz langsam hier vorbeigeschleppt hat, wird Roba nicht daraus schlau. Wenn sie verharrt und ihre Nase in ein Grasbüschel steckt, dann ist sie auf einen fremden Geruch gestoßen. Das ist so, als würde jemand mit dir Chinesisch sprechen. Verstehst du vielleicht Chinesisch?«

Lucilla pflückte gerade gelbe und blaue Blumen, als Osso wieder auftauchte. Mit der Nase am Boden kreuzte er ein paar Meter entfernt den Pfad und verschwand sofort wieder im Unterholz.

Auf seine Art nahm er an dem Spaziergang teil, in sicherem Abstand.

»Osso!«, rief das kleine Mädchen fröhlich. Ein paar Sekunden später tauchte der Hund am Ende des Weges auf. Er sah Lucilla an. Wedelte mit dem Schwanz. Und verschwand erneut im Schattendunkel.

»Hast du gesehen? Er hat gehört, dass ich ihn gerufen habe!«, lachte das Mädchen und strahlte den Großvater an. Spät am Nachmittag kehrten sie nach Hause zurück.

Sie füllten Wasser in die Vase und stellten Lucillas Blumenstrauß hinein. Osso war während des Spaziergangs noch zweimal aufgetaucht. Beim zweiten Mal bellte er, und zum ersten Mal hörte der alte Mann die Stimme des Hundes: seine Jagdstimme. Ein greller, durchdringender, langgezogener Laut, das Jaulen der Spürhunde, die Witterung aufgenommen haben.

Eine Stimme, die sagt: »Hier entlang! Hier entlang! Kommt! Da ist ein Hase! Ein Reh! Kommt doch!« Hunde sind soziale Tiere und haben ein großes Bedürfnis zu kommunizieren. Alleine verlieren sie den Mut, im Rudel mit anderen Hunden oder mit Menschen fühlen sie sich stark und selbstbewusst, deshalb bellen, knurren und heulen sie und versuchen so, ihre Gefühle mitzuteilen.

Katzen dagegen sind ruhiger, weil sie eher Einzelgänger sind. Sie haben es nicht nötig, sich mitzuteilen. Sie behalten die Dinge für sich.

Abends bereiteten der Großvater und Lucilla die übliche Schüssel mit Futter für Osso sowie eine größere für Roba vor. Ossos Napf stellten sie wie immer auf den Rasen, während sie dem großen Hund im Haus zu fressen gaben, damit er den kleinen beim Fressen nicht störte. Sie waren noch nicht ins Haus zurückgekehrt, da machte sich der ausgehungerte Osso bereits über den Napf her, ließ die Ohren baumeln und fraß begeistert. Schade, dachte der alte Mann, dass er Lucilla nicht an sich herangelassen hat. Na, wenigstens hat sie ihn gesehen.

Und morgen wird sie ihn wiedersehen.

Draußen war es mittlerweile dunkel. »Jetzt essen wir zu Abend, und vor dem Schlafengehen werde ich dir eine Geschichte erzählen«, sagte der Großvater zu Lucilla.

»Die Geschichte von Osso?«, fragte das Mädchen zurück.

»Nicht ganz«, antwortete der Großvater, »aber fast.«

An einem Winterabend vor dreißigtausend Jahren

Und dies ist die Geschichte, die der alte Mann Lucilla erzählt hat.

Es war an einem Wintertag vor dreißigtausend Jahren. Die Welt war damals ganz anders, als wir sie kennen. Große Wälder bedeckten sie, in denen es von Tieren wimmelte, und es gab viel weniger Menschen als heute. Diese Menschen lebten in Höhlen oder in Hütten, sie hatten noch nicht gelernt, Felder zu bestellen, sie sammelten wilde Früchte und gingen auf die Jagd. Sprechen konnten sie, aber ihre Sprache bestand aus nur wenigen Worten.

Weil auch die Wölfe Jäger waren, waren Mensch und Wolf Rivalen, ja sogar Feinde, denn sie konkurrierten um die gleiche Beute und die gleichen Territorien. Sie fürchteten einander sehr. Wenn sie sich begegneten, ergriffen sie die Flucht, und wenn es keinen anderen Ausweg gab, kämpften sie und versuchten, sich gegenseitig zu töten. Der Mensch fraß das Fleisch des Wolfes, der Wolf fraß das Fleisch des Menschen, gemäß dem strengen Gesetz der Natur, nach dem jeder Tod zu Nahrung und neuem Leben wird.

Aber jener Wintertag vor dreißigtausend Jahren war kein Tag wie alle anderen. Am Rand eines Waldes, nicht weit vom Dorf entfernt, stapfte eine junge Frau durch den Schnee und sammelte Holz für das Feuer.

Ein paar Tage zuvor hatte sie ein Kind geboren, sie stillte es, beschützte es und trug es in einem Luchsfell an ihrer Brust. Deshalb wollen wir sie Luchsfell nennen.

Nicht weit entfernt war der Vater des Kindes auf der Jagd, mit seinem scharfen Speer und einem wärmenden Mantel um Schultern und Rücken. Er hatte ihn aus der Haut eines Büffels gemacht, den er erlegt hatte. Deshalb wollen wir ihn Büffelfell nennen.

Luchsfell und Büffelfell waren fast noch Kinder, gerade vierzehn Jahre alt. Vor dreißigtausend Jahren wurde man sehr früh erwachsen. Beide waren stark und mutig, und sie liebten sich. Gut möglich, dass das Wort »Liebe« damals noch nicht erfunden war, aber die Liebe gab es ganz bestimmt schon.

Sie verbarg sich in gewissen Blicken, gewissen Berührungen, gewissen Umarmungen, gewissen Nächten am Feuer, in denen sie die Sterne betrachteten. Jetzt, wo das Kind geboren war, empfanden die beiden noch größere Verbundenheit.

Während Luchsfell also im Wald mitten im Schnee Holz sammelt, hört sie plötzlich einen unbekannten Laut. Einen schwachen, hohen, hilflosen Laut, einen Laut, der das Gegenteil von Bedrohung ausdrückt. Sie schaut sich um und stellt fest, dass er vom Fuß eines großen Baums kommt. Neugierig geht sie näher: Neugier war schon damals die größte Triebkraft der Menschen.

Heute ist sie das zwar auch noch, aber damals war sie es hundertmal mehr, weil die Menschen sehr wenig wussten und noch fast alles lernen mussten.

Luchsfell geht näher und bemerkt, dass sich unter dem Baum ein Tierbau befindet. Und in dem Bau etwas Lebendiges. Sie bückt sich und schaut hinein. Ihr Kind im Luchsfell drückt sie fest an sich, um es vor allen Gefahren zu beschützen. Aber sie weiß bereits, dass keine Gefahr droht, denn aus diesem Bau dringt kein Knurren, kein Jaulen, kein Kriegsgelärm.

Aus dem Bau kommen drei unbeholfene, winselnde Wolfsjunge. Sie haben die Farbe von Silber

und Schnee. Sie wittern Luchsfells Milch. Sie haben keine Angst, sie kennen die Welt noch nicht, nur den Geruch ihrer Mutter und den Geruch von Milch. Während die junge Frau sich über sie beugt, kommen sie dem Kind an ihrer Brust ganz nah. Sie beschnuppern es.

Luchsfell lächelt, instinktiv möchte sie die Welpen streicheln. Aber plötzlich bekommt sie es mit der Angst zu tun und zieht die Hand zurück: Wo Junge sind, da ist auch eine Mutter, die alles tun wird, um sie zu beschützen. Die Wölfin könnte in der Nähe sein.

Sie steht auf und sieht sich um. Schritte nähern sich im Schnee. Sie hat Angst, aber sie gibt ihr nicht nach, sie weiß, dass es falsch ist, vor einem Raubtier wegzulaufen.

Doch nicht die Wölfin erscheint zwischen den Bäumen, es ist Büffelfell. Sein Speer ist blutig, seine Augen glühen, sein Atem geht schwer.

»Ich habe eine Wölfin getötet«, sagt er.

»Gut möglich, dass das ihre Jungen sind«, sagt das Mädchen und deutet auf den Bau.

»Dann töte ich auch die«, sagt der Junge. »Sonst wachsen sie zu Wölfen heran, machen uns die Beute streitig und werden versuchen, uns zu fressen.«

Den Speer in der Hand, nähert sich Büffelfell dem Bau.

Luchsfell rührt sich nicht von der Stelle.

Büffelfell will sie am Arm packen und beiseiteschieben.

Luchsfell rührt sich nicht von der Stelle.

Büffelfell wird wütend: »Geh aus dem Weg!«

Luchsfell rührt sich nicht von der Stelle.

Büffelfell fragt: »Warum tust du das?«

Luchsfell antwortet nicht. Reglos steht sie da, das Kind an ihrer Brust, und schaut ihrem Mann fest in die Augen. Um sie herum hat es wieder angefangen zu schneien, langsam wird es dunkel.

Es ist nur ein Augenblick, aber er erscheint unendlich lang. Die beiden schauen sich an. Die junge Frau mit dem Kind im Fell reglos und still. Der junge Mann überrascht und ohne zu begreifen, was geschieht. Langsam lässt er den Speer sinken.

Auch er steht reglos und still da. Ein paar Augenblicke lang scheint die Welt stehengeblieben.

Apropos reglos und still, Lucilla: Weißt du, dass du auch oft so reglos und still bist? Erst jetzt, während ich dir diese Geschichte erzähle, begreife ich endlich, warum ich dich in diesen Momenten so besonders mag. Weil du dabei bist, etwas zu lernen. Die Menschen haben es immer eilig, dauernd müssen sie reden oder arbeiten, und deshalb lernen sie nichts mehr. Zum Lernen muss man die Zeit einen Moment lang anhalten.

Was lernten Luchsfell und Büffelfell an diesem Wintertag, als sie einander dort gegenüberstanden? Sie lernten, dass es nicht immer richtig ist, etwas zu tun, nur weil man es immer schon getan hat. Es kommt der Moment, in dem man sich verändern und etwas tun muss, was man noch nie getan hat. So wurde der Affe zum Menschen: indem er lernte, sich zu verändern, Tag für Tag.

Als dieses Menschenmädchen mit ihrem Kind im Arm die Kinder einer anderen Art erblickte, die genauso klein und wehrlos waren wie ihr eigenes, spürte sie den unwiderstehlichen Hilferuf des Lebens. Der Mann war erregt von der Jagd, er roch nach Blut, und sein Speer war schärfer als der Zahn eines Tigers. Doch seine Frau, mit ihrem Kind an der Brust, stand vor der Wolfshöhle wie eine unüberwindliche Mauer.

Vor diesem Tag hatten die Menschen alle Wolfsjungen getötet, die sie entdeckten.

Nun war das zum ersten Mal nicht geschehen.

»Nimm sie, wir bringen sie ins Dorf«, sagte Luchsfell zu Büffelfell.

»Wo soll ich sie denn verstauen?«

»In dem Sack für die Beute.«

Er gehorchte. In diesem Sack hatte er noch nie
etwas Lebendiges getragen. Die Tiere, die er erlegte,
waren kalt und steif, diese Welpen hingegen waren
warm und weich. Ihr Strampeln auf dem Heimweg
fühlte sich seltsam an.

Es war schon fast dunkel, als sie im Dorf ankamen.
Das Feuer war heiß, und die Flammen loderten hoch,
darum herum saßen die anderen Frauen und Männer dieses Menschenrudels. Als sie die drei Welpen
sahen, geriet das ganze Dorf in Aufruhr. Manche
kreischten auf, andere schüttelten missbilligend den
Kopf, und bald ging jemand den Ältesten des Dorfes
holen, dessen Name Leopardenfell war.

Leopardenfell war ein alter Mann mit einem weißen
Bart. Einst war er ein großer Jäger gewesen, um die
Schultern trug er das Fell eines Leoparden, den er

erlegt hatte, und um seinen Hals eine Kette aus glitzernden Steinen. Gemessenen Schrittes näherte er sich. Als er die drei Wolfsjungen sah, fragte er düster: »Wer hat die hierhergebracht?«

Büffelfell schwieg und senkte den Kopf.

»Ich«, sagte da Luchsfell. »Ich habe sie hergebracht.«

Der Älteste würdigte sie keines Blickes. Er ging auf den jungen Mann zu, sah ihm in die Augen und sagte: »Wenn deine Frau es war, die sie hergebracht hat, dann musst du sie töten. Wenn sie groß sind, werden sie uns die Beute stehlen. Sie werden versuchen, uns zu töten.«

Eingeschüchtert schwieg der Junge beharrlich.

Da sprach das Mädchen wieder: »Sollten sie uns gefährlich werden, wenn sie größer sind, können wir sie immer noch töten. Jetzt sind sie noch klein, da brauchen wir sie nicht zu töten.«

Die anderen Stammesmitglieder, die um den Ältesten und die beiden jungen Leute standen, folgten gespannt der Szene. Zwei große Neuerungen waren in ihr Leben eingetreten. Die erste Neuerung war, dass drei lebendige Wolfswelpen im Dorf waren und putzmunter die Luft, den Schnee und die Füße der Menschen beschnupperten.

Die zweite war, dass eine junge Frau das Wort an den Ältesten richtete und ihm außerdem nicht gehorchen wollte.

Der Älteste schaute weiter nur Büffelfell an. Luchsfell ignorierte er.

»Töte sie«, wiederholte er seinen Befehl.

Der Junge senkte den Kopf.

Auch diesmal war es das Mädchen, das sprach: »Ich werde sie aufziehen. Mit meiner Milch und der unserer Ziegen. Und wenn sie älter sind, werden wir sie mit den Resten der Jagd füttern, die wir sonst den Krähen überlassen.«

Da schließlich wandte der Älteste den Blick von Büffelfell ab und Luchsfell zu, ging schweigend die wenigen Schritte, die zwischen ihnen lagen, und blieb direkt vor dem Mädchen stehen, sagte aber nichts. Die Männer und Frauen des Rudels hielten den Atem an. Der Älteste spürte die Wärme der jungen Mutter, die ihm aufrecht gegenüberstand, die Wärme des schlafenden Kindes an ihrer Brust, die Wärme ihrer geschwollenen Brüste voller Milch. Und auch von dem strahlenden Blick des Mädchens schien ihm diese Wärme zu kommen, von ihren runden Wangen und von jenen Lippen, die es eben gewagt hatten, ihm zu widersprechen.

Ein paar Schneeflocken, rotschimmernd im Feuerschein, legten sich auf Luchsfells langes Haar und schmolzen.

Gewiss kannte der Älteste diese Wärme, er hatte sie gespürt, als seine Frau einst ein Kind geboren und gesäugt hatte. Aber er erinnerte sich nicht mehr daran. Jedenfalls, nach ein paar Augenblicken des Schweigens wandte sich der Älteste abrupt um (wobei er sein prächtiges Leopardenfell über den Schnee fegen ließ) und stapfte wortlos in Richtung seiner Hütte davon.

Manchen schien es, als wäre die Miene des Ältesten düster, anderen, als wäre sie heiter, aber das Licht reichte nicht aus, um es mit Gewissheit zu erkennen.

Unterdessen hatten die drei Wolfsjungen reichlich Füße beschnüffelt, an Rindenstücken geknabbert und waren schließlich allesamt erschöpft eingeschlafen, nur wenige Meter von der Auseinandersetzung entfernt, die nicht nur über ihr Schicksal entscheiden sollte, sondern auch über die Geburt des wohl unverbrüchlichsten Bundes, der je auf der Erde geschlossen wurde: jenes zwischen Mensch und Hund, dem Nachkommen der Nachkommen von Wolf, Fuchs und Schakal.

In den folgenden Tagen fütterte Luchsfell die Welpen mit ihrer eigenen und der Milch ihrer Ziege, und außerdem mit Fleischresten, dem Blut des erlegten Wildes, den Knochen, die sie im Dorf fand. Wie es ihre Natur war, fühlten sich die Welpen eins mit dem Rudel, das ihnen zu essen gab, und den Händen, die sie berührten. Im Spiel mit ihnen lernte ihr Sohn, sich auf allen vieren zu bewegen. Er wuchs mit ihnen auf. Als er ein Jahr alt war, waren die drei Wölfe bereits erwachsen, und niemand hielt es mehr für nötig, sie zu töten, nicht einmal der Dorfälteste: Die einst so gefürchteten wilden Tiere waren zu Mitbewohnern geworden.

Sie schliefen zwischen den Hütten, zusammengekauert vor den Türschwellen. Wann immer sich ein Tier aus einem anderen Rudel oder ein Angehöriger eines anderen Stammes näherte, schlugen sie durch Knurren und Bellen Alarm, auch nachts. Sie witterten ferne Gerüche und konnten die kleinsten Gestalten erkennen, selbst wenn es stockdunkel war. Sie verteidigten ihr Revier, welches dasselbe war wie das der Menschen. Nahm jemand seinen Speer und ging auf die Jagd, folgten sie ihm wie Schatten und fanden die Fährte der Beute lange vor dem Menschen, weil sie mehr Spürnase, mehr Beine, mehr Geschwindigkeit, mehr Sinne hatten als ein menschlicher Jäger, und war er noch so erfahren oder mutig.

Ein perfekter Bund war geboren. Mit den Jahrhunderten wurde das Bild von Männern und Hunden, die zusammen jagen, immer selbstverständlicher. Aus Wolf, Fuchs, Schakal wurde der Hund in all seinen Spielarten: klein oder groß, stämmig oder schlank, in allen möglichen Farben, mit langem oder kurzem Fell. Und der Hund folgte dem Menschen nicht nur bei der Jagd, sondern auch auf seinen Reisen, bei den langen Wanderungen von einem Kontinent zum anderen. Gemeinsam durchquerten Mensch und Hund Eis und Wüste, erklommen Bergketten und durchwateten Flüsse, teilten ihr Essen.

Sie schliefen Seite an Seite, Haut an Fell, wurden von den gleichen Insekten gestochen und von den gleichen heimtückischen Parasiten gepiesackt. Sie lebten das gleiche Leben und hatten sicherlich die gleichen Träume, auch wenn die Hunde nie eine Sprache ausbildeten, um sie zu erzählen. Aber seit jenem Tag vor vielen Tausend Jahren wurden die Jagdszenen, das Hetzen der Beute durch Felder und Wälder, die Wärme eines Lagerfeuers, das Springen und Nachlaufen im Spiel, das Durchwaten von Flüssen, die Raufereien, der Hunger, der Durst,

die Freude über Essen und Wasser für Mensch und Hund zu ein und demselben langen Traum.

Schwer zu sagen, wie es kam, dass Luchsfell an jenem Tag als Erste im Wolf den Hund erkannte, im Raubtier einen Freund des Menschen. Vielleicht war es der Mutterinstinkt, vielleicht das Grauen vor dem Tod oder vielleicht auch schlicht die Fantasie, die ihr eingab, sie renne nicht durch den Wald, um dem Wolf zu entkommen oder um ihn zu jagen, sondern mit dem Wolf zusammen, Seite an Seite, über Brombeeren und Bäche hinweg.

Natürlich konnte das Mädchen damals noch nicht wissen, wie sehr sich dieser Akt der Liebe einmal auszahlen würde. Dass der Wolf im Tausch für die Pflege, die Milch und den Schutz dem Menschen seine Energie, seinen Spürsinn und seine Loyalität schenken würde. Aber gerade deshalb können wir sicher sein, dass das Mädchen nicht aus Berechnung handelte, sondern rein aus Instinkt, aus Liebe zum Leben und auch zu ihrer Freude: weil sie lieber Milch gab, als Leben auszulöschen.

Und aus genau demselben Grund, glaube ich, habe ich Ossos Schüssel gefüllt, meine liebe Lucilla. Ich habe es genossen, dazuzugehören, ein Teil des

Lebens zu sein. Wäre es Osso nicht gelungen, sich bis an mein Haus zu schleppen, wäre er womöglich gestorben. Aber jetzt ist er da draußen, und morgen wirst du ihn wiedersehen, wie er mit dem Schwanz wedelt. Vielleicht träumt er ja von dir, so wie du heute Nacht vielleicht von ihm träumen wirst.

Die letzten Sätze des Großvaters hörte Lucilla schon nicht mehr. Sie war eingeschlafen.

Ein Geruch nach Leder und Erde

In dieser Nacht schliefen alle tief und fest.

Als die Stunde der Träume kam, schwebten die Schatten von Luchsfell und Büffelfell kurz in der Dunkelheit über Lucillas Bett, aber niemand bemerkte sie: nicht einmal Roba, die am Fußende des Bettes schlief. Sobald der Morgen mit seinen Lichtfingern das Fenster des Zimmers streifte, legte die Hündin ihre Schnauze auf das Kissen und beschnupperte mit ihrer großen schwarzen Nase das Gesicht der Kleinen. Sie wollte nach draußen, ihr Geschäft erledigen. Der laute, nasse Atem des Hundes weckte Lucilla, die aus dem Bett sprang und in die Küche zu ihrem Großvater lief.

Sie ließen Roba hinaus (Turm oder Flatschen?), bereiteten gemeinsam die Hundenäpfe vor und stellten den von Osso auf den Rasen. Das Wetter änderte sich, große, leuchtend weiße Wolken zogen über sie hinweg, viel höher als die höchsten Bäume. Bald tränkten die Schauerböen eines Frühlingsgewitters

Rasen, Haus und Wald mit großen, warmen Tropfen. Im Schutz der Küche stand der Großvater am Fenster, die Enkelin auf dem Arm und neben sich Roba, und gemeinsam schauten sie dem Sturm zu – und mittendrin Osso, der alles in zwei Bissen hinuntergeschlungen hatte und nun neben dem leeren Napf saß und in den Regen schnupperte. Das Unwetter schien ihm überhaupt keine Angst einzujagen. Schließlich erhob er sich, schüttelte nach Hundeart das Wasser ab und ließ dabei derart die Ohren fliegen, dass es ein Wunder war, dass sie an dieser Bleistiftschnauze kleben blieben, setzte sich dann wieder hin und wartete auf seine Freundin Roba.

Eine halbe Stunde später schien schon wieder die Sonne, Lucilla und ihr Hund liefen nach draußen und tollten fröhlich im nassen Gras. Der Regen hatte alles zum Glänzen gebracht, jedes Blatt glitzerte, Wasser und Sonnenlicht feierten gemeinsam die Schönheit der Welt, wie seit Anbeginn der Zeit.

Osso rannte um Roba herum, manchmal blieb er nicht weit von Lucilla stehen und musterte sie schwanzwedelnd. Sie versuchte dann, sich ihm zu nähern, und ihr war, als würde der Abstand bei jedem Mal geringer. Einmal, als sie auf einem großen Stein saß, reglos und nachdenklich wie so oft, den Blick auf die letzten forteilenden Wolken am blauen Himmel gerichtet, kam Osso bis auf zwei, vielleicht auch nur einen Meter heran, mit vorgereckter Schnauze und bebender Nase, um den Geruch des Mädchens besser zu erfassen und ihn seinem Katalog hinzuzufügen. Im nächsten Augenblick war Lucilla wieder aus ihrer Starre erwacht und entdeckte ihn. »Osso!«, rief sie, und der Hund flüchtete wie so oft in sichere Entfernung.

Am Nachmittag fuhr Lucilla weg. Dem Großvater versprach sie, bald wiederzukommen, und ermahnte ihn, Osso recht oft zu fotografieren und ihr die Bilder zu schicken. Der Großvater versprach es, obwohl er nicht gern Fotos machte: Meist wurden sie bei ihm nichts, immer waren seine Finger mit drauf, und dann wurde er wütend.

Im Auto erzählte sie ihrer Mutter brühwarm und haarklein alles, was sie mit ihrem Großvater unternommen hatte, ausgeschmückt mit ein paar Details, die sie sich selbst ausgedacht hatte. Dass der Großvater sie von seinem Kaffee habe probieren lassen, zum Beispiel.

Gleich darauf schlief sie ein, beglückt und erschöpft, von einem Moment zum andern.

Wir sehen Lucilla in dem roten Auto die Straße hinunter verschwinden und in den großen Bauch der Stadt zurückkehren. Um sie müssen wir uns nicht sorgen. Sie ist intelligent, sie ist empfindsam, sie wird geliebt. Wann immer sie ihre Hand ausstreckt, ist da die ihrer Mutter oder ihres Vaters, die sie festhält; oder Robas weiße Schnauze, die sie streicheln kann, mit dieser feuchten schwarzen Nase, die jede Spur von Leben errät, die der Wind heranträgt. Außerdem ist sie erst sieben, vor ihr hat sich gerade erst jene schier unendliche Abfolge von Begegnungen eröffnet, aus denen das Leben eines Menschen gemacht ist, von Dingen, die es zu lernen, von Freuden, die es zu teilen, und Sorgen, die es zu überwinden gilt. Ihr Leben wird wunderschön sein, darauf können wir wetten.

Kehren wir deshalb zu dem alten Mann zurück. Er ist allein in seinem Haus an der Grenze zwischen der Stadt und dem Wald. Er vermisst Lucilla jetzt schon: Heute Abend wird er sie anrufen. Jetzt ruht er sich vor seinem Haus in seinem Liegestuhl aus, genau wie vor fünf Tagen, zu Beginn dieser Geschichte. Etwa fünfzig Meter entfernt liegt ein Hund schlafend unter der Buche. Der alte Mann schaut den Hund an, der zu Füßen des großen Baums fast zu verschwinden

scheint, so klein und mickrig ist er gegen die große, alles beherrschende Natur.

Seit vier Tagen heißt der Hund Osso. Der alte Mann, der in seinem ganzen Leben noch nie einen Hund hatte, nicht einmal eine Katze oder sonst ein Haustier, würde jetzt gerne sagen: »Das ist mein Hund.« Aber er ist sich nicht sicher, ob das stimmt. Osso, der aus Abenteuerlust oder Vernachlässigung zum Streuner wurde, bleibt eine unscharfe Gestalt, eine Erscheinung. Er verlässt den Wald nur, wenn er es will. Menschen lässt er nicht an sich heran: Selbst Lucilla, die so klein und zart ist, durfte ihn nicht berühren.

Der alte Mann ruht sich in der letzten Sonne des Nachmittags aus.

Er schließt die Augen und döst eine Weile. Als die Wärme des Tages schwindet und es schon dunkel wird, wacht er auf, und der Hund ist fort. Er geht ins Haus, um das Abendessen vorzubereiten und Ossos Schüssel zu füllen.

Die ganze Woche über war Osso regelmäßig morgens und abends erschienen, um zu fressen. Wenn er den alten Mann mit dem Napf kommen sah, wedelte er manchmal mit dem Schwanz, ließ sich

aber nie anfassen. Er verbrachte ziemlich viel Zeit auf dem Rasen. Den Rest der Zeit, seine verborgene Zeit, die geheimnisvolle Zeit seines Alleinseins, verschwand er in dem großen Wald, der sich den Berghang hinaufzieht.

Es war wieder Sonntag. Sonntagmorgen. Wolken und Sonne, wechselhaftes, lebhaftes Wetter, ein sanfter Wind, der sacht an den Blättern rüttelte. Der alte Mann ging hinaus auf den Rasen.

Osso saß unter der Buche und beobachtete ihn.

Der alte Mann ging langsam auf ihn zu, weil er ihn genauer betrachten wollte.

Osso rührte sich nicht.

Nach drei Schritten bemerkte er, dass Ossos Rippen nicht mehr hervorstanden. Er hatte ihn also gut gefüttert.

Osso rührte sich nicht.

Nach drei weiteren Schritten konnte er die schwarzen Schnurrhaare zu beiden Seiten seiner Schnauze erkennen.

Osso rührte sich nicht.

Noch drei Schritte, und er sah in den dunklen, runden Augen des Hundes das lebendige Licht der Pupillen. So nahe waren sie sich noch nie gekommen.

Osso rührte sich nicht.

Ein letzter Schritt, und er stand über dem Hund.

Osso rührte sich nicht.

Ihm fiel auf, dass er das kleine Tier genauso über-
ragte wie die Buche ihn. Für jeden gibt es etwas
Größeres, das er fürchten muss, dachte er, und da,
in der extremen Nähe, wurde ihm klar, wie sehr
sich der Hund vor ihm fürchten musste, dem er wie
ein Riese erschien. Doch Osso, anderthalb Meter
unter ihm, saß immer noch da auf seinem degenar-
tigen Schwanz und rührte sich nicht. Damit er den
alten Mann weiterhin anschauen konnte, hatte er
die spitze Schnauze nach oben gerichtet, seine glän-
zende schwarze Nase nahm jetzt den vollen Geruch
des alten Mannes auf, und seine Pupillen versenkten
sich in seine.

Um für den kleinen Hund weniger groß zu erscheinen, bückte er sich langsam hinunter. Jetzt war
das Gesicht des Menschen fast auf gleicher Höhe mit
der Schnauze des Hundes.

So nah waren sie sich, dass einer den Atem des anderen spürte. Nun nahm der alte Mann auch zum
ersten Mal den Geruch des Hundes wahr. Er roch
nach Leder und Erde.

Vor dem Hund kniend, streckte der alte Mann seine Hand nach der spitzen Schnauze aus.

Einen Augenblick lang stand die Welt still, wie damals vor dreißigtausend Jahren, als Luchsfell vor der Wolfshöhle stand und Büffelfell seinen Speer senkte. Die wenigen Zentimeter, die den Menschen noch vom Hund trennten, erschienen dem alten Mann als ein unendlicher Raum, größer als das Weltall und tiefer als das Meer. Millionen Menschen, Millionen Hunde, Millionen Tage drehten sich wie ein unsichtbarer Strudel um diesen alten Mann und diesen Hund.

Osso näherte seine feuchte kleine Nase der Hand des alten Mannes. Ein paar Sekunden lang beschnupperte er sie ängstlich, mit jeder Zelle in Alarmbereitschaft, alle Sinne hellwach, und hinterließ die feuchte Wärme seines Atems auf der Haut. Schließlich tat er einen tiefen Seufzer und legte sich ins Gras. Der alte Mann legte seine große Hand auf den kleinen Kopf, streichelte ihn, spürte, wie die Samtohren sich der Berührung hingaben.

Dann war Osso eingeschlafen.

MICHELE SERRA, geboren 1954 in Rom, ist landesweit berühmt für seine Kolumnen in *La Repubblica* und *L'Espresso*. Sein Buch *Die Liegenden* über eine Vater-Sohn-Beziehung war international ein Riesenerfolg. Michele Serra lebt in Mailand und im Apennin in der Nähe von Bologna.

ALESSANDRO SANNA, geboren 1975, gehört zu den bedeutendsten zeitgenössischen Illustratoren Italiens. Er veröffentlichte mehr als 40 Bücher für Kinder und Erwachsene, seine Zeichnungen erscheinen im *New Yorker* und in der *New York Times*. Er unterrichtet Illustration an der Accademia di Belle Arti in Bologna und lebt und arbeitet in Mantua, Italien.

PETER KLÖSS, geboren 1962, lebt in Köln. Er übersetzt Romane und Sachbücher aus dem Italienischen und Englischen, darunter Marco Balzano, Raffaella Romagnolo, Marcello Fois, Carlo Lucarelli und Suzanne Collins.

»Jede Art zu schreiben ist erlaubt –
nur die langweilige nicht.«

VOLTAIRE